AF357080

SCIENCE ET RELIGION
Études pour le temps présent
SÉRIE HISTORIQUE
...s les auspices de la Société Bibliographique

...ANDS ORDRES RELIGIEUX

LA

COMPAGNIE DE JÉSUS

PAR

A. BROU

PARIS
LIBRAIRIE BLOUD & Cⁱᵉ
4, RUE MADAME ET RUE DE RENNES, 59

1903

SOCIÉTÉ BIBLIOGRAPHIQUE

ET DES PUBLICATIONS POPULAIRES

5, rue Saint-Simon, Paris, VII°

But de la Société. — La Société Bibliographique a pour but e
réunir tous les hommes d'intelligence et de cœur, désireux de mettre e
commun leurs efforts au service de la Religion et de la Science.

A cet effet, elle favorise la création de *bibliothèques*, de *cabinets
lecture*, *la publication d'ouvrages pour les classes dirigeantes et por
les classes populaires*, ouvre *des conférences scientifiques*, *littéraires
sociales* ; elle signale tous les mois, dans le **Polybiblion** (*Revue bibli
graphique universelle*), les ouvrages parus en France et à l'Etrange
enfin elle envoie *gratuitement* à tous ses membres son **Bulletin mensue**
qui contient une *bibliographie de livres approuvés et destinés à la créatic
de bibliothèques populaires catholiques*.

Avantages réservés aux Sociétaires. — 1° Au point de vu
moral : les Sociétaires contribuent à la conservation de la Foi.

2° Au point de vue intellectuel : *Renseignements bibliographique.
prêts de revues de la Bibliothèque de la Société* ; droit aux prêts e
bibliothèques renouvelables (*demander les notices spéciales*).

3° Au point de vue matériel : la Société assure à ses membre
des avantages tels qu'ils rentrent, et au-delà, dans le montai
de leur cotisation.

Ses Ressources. — Elles se composent : 1° de la cotisation de tot
ses membres associés-correspondants, laquelle est de 10 fr. pa
an ; on peut s'en exonérer moyennant le versement d'une somn
de 150 fr. une fois payée.

2 Des apports des membres titulaires, qui sont de la somme e
100 fr. *au moins* une fois payée. (Ce versement n'exempte pas e
la cotisation annuelle de 10 fr., mais il donne droit à être éligibl
comme membre du Conseil de la Société).

3° Des dons extraordinaires qui lui sont faits.

Résultats obtenus. — La Société Bibliographique est arrivée à inscri
sur ses listes plus de *neuf mille cinq cents sociétaires* ; chaque année el
fait de nombreux envois de livres pour bibliothèques catholiques et por
distributions de prix aux enfants de nos écoles libres.

Pour plus amples renseignements, s'adresser **directement** à s
ociété, 5, rue Saint-Simon.

— **L'Animal raisonnable et l'Animal tout court**, *étude de psychologie comparée*, par C. DE KIRWAN. 1 vol.

— **La Conception catholique de l'Enfer**, par M. BRÉMOND, docteur en théologie, professeur de dogme au grand séminaire de Digne. 1 vol.

— **L'Eglise russe**, par J.-L. GONDAL, professeur d'apologétique et d'histoire au grand séminaire Saint-Sulpice. 1 vol.

— **La Fausse Science contemporaine et les Mystères d'Outre-tombe**, par le R. P. Th. ORTOLAN, O. M. I. 1 vol.

— *Du même auteur :* **Vie et Matière ou Matérialisme et Spiritualisme en présence de la Cristallogénie.** 1 vol.

— *Du même auteur :* **Matérialistes et Musiciens.** 1 vol.

— **Le Mal**, sa nature, son origine, sa réparation. *Aperçu philosophique et religieux*, par l'abbé M. CONSTANT, docteur en théologie, lauréat de l'Institut catholique de Paris. 1 vol.

— **Dieu auteur de la vie**, par M. l'abbé THOMAS, vicaire général de Verdun. 1 vol.

— *Du même auteur :* **La Fin du monde d'après la foi et la science.** 1 vol.

— **L'Attitude du catholique devant la Science**, par G. FONSEGRIVE, directeur de la *Quinzaine*. 1 vol.

— *Du même auteur :* **Le Catholicisme et la Religion de l'Esprit.** 1 vol.

— **Du Doute à la Foi**, le besoin, les raisons, les moyens, les devoirs, la possibilité de croire, par le R. P. TOURNEBIZE. S. J. 1 vol.

— **La Synagogue moderne**, sa doctrine et son culte, par A. F. SAUBIN. 1 vol.

— **Evolution et Immutabilité de la doctrine religieuse dans l'Eglise**, par M. PRUNIER, supérieur du gr. séminaire de Séez. 1 vol.

— **La Religion spirite**, son dogme, sa morale et ses pratiques, par I. BERTRAND. 1 vol.

— **L'Hypnotisme franc et l'Hypnotisme vrai**, par le docteur HÉLOT, auteur de *Névroses et Possessions diaboliques*. 1 vol.

— **Convenance scientifique de l'Incarnation**, par Pierre COURBET, ancien élève de l'Ecole polytechnique. 1 vol.

— **L'Eglise et le Travail manuel**, par M. l'abbé SABATIER, du clergé de Paris, docteur en droit canon. 1 vol.

— **L'Inquisition**, son rôle religieux, politique et social, par G. ROMAIN, auteur de : *L'Eglise et la Liberté*. 1 vol.

— **Unité de l'espèce humaine** *prouvée par la Similarité des conceptions et des créations de l'homme*, par le marquis de NADAILLAC. 1 vol.

— **Le Socialisme contemporain et la Propriété.** — *Aperçu historique*, par M. Gabriel ARDANT auteur de la *Question agraire*. 1 vol.

— **Pourquoi le Roman immoral est-il à la mode et pourquoi le Roman moral n'est-il pas à la mode ?** *Etude sociale et littéraire*, par G. d'AZAMBUJA. 1 vol.

LA COMPAGNIE DE JÉSUS

Imprimatur :

Paris, 18 juillet 1902,

P. FAGES, v. g.

SCIENCE ET RELIGION
Etudes pour le temps présent
SÉRIE HISTORIQUE
publiée sous les auspices de la Société Bibliographique

LES GRANDS ORDRES RELIGIEUX

LA

COMPAGNIE DE JÉSUS

PAR

A. BROU

PARIS

LIBRAIRIE BLOUD & Cie

4, RUE MADAME ET RUE DE RENNES, 59

1903

Des Jésuites, il y a trois choses à connaître, la caricature, l'idéal et le portrait, — la légende, les constitutions et l'histoire. Disons quelques mots seulement sur le premier point ; nous insisterons davantage sur le second ; le troisième nous servira de conclusion.

LA COMPAGNIE DE JÉSUS

CHAPITRE PREMIER

LA CARICATURE

Donc, qu'est-ce qu'un Jésuite ?

Il est trois ou quatre livres auxquels on a coutume de demander la réponse à cette question.

Les *Monita secreta*, tout d'abord : odieuse invention d'un apostat polonais (1614), disent les Jésuites ; œuvre absolument authentique de leur général Aquaviva, affirment les adversaires. Ce sont des règles occultes, révélées aux seuls initiés de cette Franc-maçonnerie cléricale, et où les supérieurs indiquent les moyens sûrs de gagner la faveur du pouvoir, de prendre la place des rivaux et par dessus tout de capter les héritages. Entre autres choses édifiantes, on y apprend la manière de circonvenir les veuves riches. « Que l'on choisisse pour cela des pères avancés en âge qui soient d'une complexion vive et d'une conversation agréable. Qu'ils les visitent, et que, d'abord qu'ils verront en elles quelque affection pour la Société, qu'on leur offre les œuvres et les mérites de la Société. Que si elles les acceptent, et qu'elles commencent à visiter nos églises, qu'on les pourvoie d'un confesseur, par lequel elles soient bien dirigées dans la vue de les entretenir dans l'état de viduité, en disant et louant ses avantages et son bonheur »... etc., etc , etc Tant qu'enfin, toutes les avenues étant prises, le péril des secondes noces étant écarté, les enfants et héritiers légitimes étant entrés en religion, ces « bons

pères » n'ont plus qu'à étendre la main pour s'approprier la fortune (1).

Vient ensuite le *Juif errant* d'Eugène Sue. Ce sont les *Monita* mis en roman, à l'usage du gros public, avec l'esprit en moins, avec du mélodrame en plus, et « littéraire comme un combat de chiens » (Louis Veuillot).

Il y a là une page célèbre qui dispense de lire le reste. C'est la conférence secrète où le jésuite Rodin rend compte à l'abbé marquis d'Aigrigny des affaires de la Société. Voici ce qu'on y apprend : l'enlèvement que les Jésuites avaient ordonné en Espagne a réussi ; ils font faire pour l'Italie, par un écrivain perdu de mœurs, un infâme à leurs gages, un écrit incendiaire contre les Français ; ils entretiennent auprès d'un prince, qui n'est pas nommé, un agent qu'ils excitent au régicide ; et, comme l'assassin éprouve encore un dernier scrupule, le supérieur des Jésuites de Paris ordonne « de continuer à agir sur son imagination par le silence et la solitude et de lui faire relire la liste des cas où le régicide est autorisé et absous ».. Ils donnent vingt-cinq louis de gratification à fra Paolo, qui, par ses calomnies a réduit Boccari, chef célèbre de patriotes italiens, au désespoir et au silence : « Ce voyage à Rome, déclare d'Aigrigny, m'a donné une idée formidable de notre pouvoir. C'est un curieux spectacle que de voir, de si haut, ce jeu régulier de ces milliers d'instruments dont la personnalité s'absorbe continuellement dans l'immuable personnalité de notre Ordre. Quelle puissance nous avons ! Je suis saisi d'un sentiment d'admiration presque effrayé, en songeant qu'au bout de quelques mois, l'homme n'a plus de l'homme que l'enveloppe. Intelligence, libre arbitre, conscience, tout est chez lui atrophié par l'habitude d'une obéissance muette et terrible. »

Le *Juif errant* est un peu grossier : c'est la nourriture du bon peuple de France, qui n'y regarde pas de si près. Pour les poètes, il y a Michelet ; pour les penseurs, il reste Pascal.

Pascal ; — ouvrons là 5° *Provinciale*.

« Sachez que leur objet n'est pas de corrompre les mœurs ; ce n'est pas leur dessein. Mais ils n'ont pas aussi

______

(1) Les *Monita secreta* sont l'œuvre d'un apostat polonais, Zahorowski, 1614. Voir *Revue critique*, 1890, t. I, p. 151.

pour unique but de les réformer ; ce serait une mauvaise politique. Voici quelle est leur pensée. Ils ont assez bonne opinion d'eux-mêmes pour croire qu'il est utile et même nécessaire au bien de la religion que leur crédit s'étende partout, et qu'ils gouvernent toutes les consciences. » Et alors, les jésuites ont deux sortes de théologiens-casuistes ; pour quelques âmes austères qui s'adresseront à eux, ils réservent un petit choix de directeurs sévères ; pour la multitude qui ne demande pas mieux que d'être flattée dans ses bas instincts, ils ont inventé la *morale relâchée*. Ils trouvent moyen d'excuser l'homicide, la calomnie, le mensonge. Ils ont imaginé l'abominable restriction mentale. Ils remplacent la dévotion solide par la dévotion facile : petites pratiques mesquines et sottes. Enfin, l'abomination de la désolation, ils sont les auteurs du *probabilisme*, système dont on a une idée vague, très vague, mais qui est certainement quelque chose de bien noir, puisque Pascal l'a dit.

Michelet ; — celui-là est plus tragique... et plus drôle. Ouvrons son livre *Des Jésuites*, à la première page :

« Ce que l'avenir nous garde, Dieu le sait !... seulement, je le prie, s'il faut qu'il nous frappe encore, de nous frapper de l'épée...

« Les blessures que fait l'épée sont des blessures nettes et grandes, qui saignent et qui guérissent. Mais que faire aux plaies douteuses, qu'on cache, qui s'envieillissent et qui vont toujours gagnant ?

« De ces plaies, la plus à craindre, c'est l'esprit de police mis dans les choses de Dieu, l'esprit de pieuse intrigue, de sainte délation, l'esprit des Jésuites.

« ... Cette police atteindrait jusqu'aux pensées...

« Une âme menteuse et flatteuse, tremblante et méchante, qui se méprise elle-même, est-ce encore une âme ?

« Changement pire que la mort même... La mort ne tue que le corps, mais, l'âme tuée, que reste-t-il ? »

Michelet ne se doutait guère, le grand homme, de la douce hilarité qu'il devait provoquer chez les Jésuites, en écrivant ces jolies choses.

Et voilà, je pense, qui suffit sur le chapitre des caricatures. On pourrait le développer et en tirer un livre. Passons aux réalités.

CHAPITRE II

LES ORIGINES, LES EXERCICES SPIRITUELS

Luther avait ouvertement rompu avec Rome en 1519.
Deux ans après, blessé à Pampelune, Ignace de Loyola se
donnait à Dieu (1521-1522). Quand Luther mourra, en
1546, depuis six ans déjà, les disciples d'Ignace auront
commencé à reconquérir sur l'hérésie une partie du terrain
perdu. Xavier évangélisera l'Orient ; d'autres seront au
Brésil, au Congo, au Maroc. Des collèges s'élèveront en
Italie, en Portugal, en France et en Espagne, aux Pays-Bas.
Des « Compagnons de Jésus » parcourront l'Irlande, pren-
dront part, comme théologiens, aux discussions du concile
de Trente, réfuteront les hérétiques, fonderont des universités, réformeront des monastères.

Qu'avait donc voulu faire Ignace de Loyola ?

I

Le plan de la Compagnie, qu'il devait tracer d'une main
si ferme dans les *Constitutions*, ne se dessina que lentement
dans son esprit. Et Dieu l'éclaira plus encore par les événements que par les révélations.

Ce qu'il découvrit tout d'abord, ce sont les principes de
vie intérieure qu'il a consignés dans son petit livre des
Exercices. Le reste ne vint qu'ensuite. Comme presque tous
les autres grands fondateurs d'ordres apostoliques, sa première pensée fut sa sanctification personnelle. Le salut des
âmes vint presque immédiatement après, comme corollaire
voulu de Dieu ; mais avec ce principe à la base de tout :
« pas d'apostolat fécond sans la pauvreté et la souffrance de
l'apôtre. »

Ignace ne nous a pas fait la confidence détaillée des

étapes parcourues par son esprit, de Montserrat jusqu'au Gesu de Rome, en vingt ou trente ans de vie. Mais de nombreux indices permettent de suppléer à son silence.

Dès les premiers jours de sa conversion, l'âme en paix, purifiée par la méditation des grandes vérités dont l'ensemble devait former la *Première semaine* des Exercices, fin de l'homme, péché, enfer, nécessité de la pénitence, il comprend que sa voie ne sera pas la vie solitaire de l'ermite ou du moine cloîtré. Il est soldat, et il restera soldat. Mais, au lieu du roi d'Espagne, c'est le Roi éternel des siècles qu'il va servir.

Il est Espagnol encore, de cette forte race basque qui a été une des plus ardentes à repousser le musulman. Et il se demande : si un roi, — un roi de droit divin, — nous convoquait à la conquête du monde contre les infidèles, que ferions-nous ? S'il nous proposait de mener exactement la vie qu'il mène, de passer par les mêmes privations, pour arriver à la même victoire, que ferais-je, moi qui me flatte d'être un vaillant ? Eh bien, Jésus m'invite à conquérir le monde avec lui, et en portant sa croix. C'est la célèbre méditation du *Règne de Jésus-Christ.*

Ignace alors commence à suivre Jésus-Christ de mystère en mystère, pas à pas, pour mieux connaître son chef, et savoir exactement ce qu'il attend de ses soldats.

Les premières pages de l'Evangile lui suffisent : inutile d'attendre les grandes révélations de la Passion. La sainte Enfance du Christ est assez lumineuse par elle même. Ses idées sont donc faites. Et alors les souvenirs militaires lui reviennent. Le monde à conquérir lui apparaît comme un grand champ de bataille où deux armées sont en présence ; deux armées, *deux Étendards*, deux chefs, et deux tactiques. La tactique de Satan c'est d'attacher les hommes avec excès aux biens de la terre, pour les faire tomber de là dans le vain honneur du monde, et enfin dans l'orgueil. La tactique de Jésus-Christ, en sens inverse, consiste à détacher des biens d'ici-bas, pour faire monter jusqu'à l'amour des humiliations et à l'humilité.

C'est donc au détachement absolu, complet, total, que l'a mené la contemplation de la vie et des vertus de Jésus-Christ. « Que celui qui veut me suivre, se renonce, et porte sa croix. » Saint Ignace s'est contenté de donner à la parole du Maître la forme d'une parabole militaire.

Mais comment remplir allègrement pareil programme ? les forces ordinaires, même surnaturelles, ne suffisent pas, il ajoute donc le grand ressort, l'amour. Tout cela, pauvreté, souffrance, humiliation, par amour pour le chef : — pauvre mais avec Jésus-Christ pauvre ; humilié, mais avec Jésus-Christ humilié ; crucifié, mais avec Jésus-Christ crucifié (1).

Et maintenant la méditation des mystères reprend sa marche. — Après la vie cachée et la vie apostolique, c'est la Passion (*troisième semaine*), et enfin la vie glorieuse, (*quatrième semaine*). Tout se termine par la *Contemplation pour obtenir l'amour divin*. Ignace y apprend à l'apôtre l'art difficile de retrouver Dieu partout et de transformer toutes ces choses d'ici-bas, avec lesquelles il lui faudra bien être en contact, en autant de moyens de s'élever à Dieu.

Telle est, dans toute sa simplicité, abstraction faite des règles, remarques, additions, annotations, qui les complètent, la marche des Exercices ; telle aussi sans doute, la voie qu'avait suivie l'âme du saint.

Dès lors, puisque c'est à l'apostolat que Dieu l'appelle, il se cherche des compagnons. Il les trouve à Paris : Les uns après les autres, il les fait passer par ce chemin si logique et si droit qui, de Dieu les mène à Dieu, de Dieu, créateur et fin dernière, mais vu de loin, à Dieu vu et touché de près ; et cela, par celui qui est la *voie*, Jésus-Christ, et encore Jésus-Christ crucifié. Ceux qui sortiront de cette école s'appelleront saint François Xavier et le bienheureux Pierre Lefèvre, en attendant Pierre Canisius et François de Borgia.

II

Les *Exercices* ont donné aux premiers disciples d'Ignace, et donneront à ses enfants dans le cours des siècles, le principe intérieur de leur progrès spirituel. Deux fois dans leur vie, ils se mettront, pendant un mois, à l'école de leur B. Père ; d'abord à leur entrée en religion, comme pour élever une muraille entre le passé qu'ils laissent et l'avenir ;

(1) *Trois degrés d'humilité.*

puis, leurs longues études finies, le sacerdoce reçu, pour aborder, mieux armé, le travail apostolique. Ils en emporteront, à leur usage et à l'usage des autres, des principes de direction sûrs et solides.

Le livre des *Exercices* restera aux mains du jésuite le manuel où il trouve la solution de presque toutes les difficultés pratiques. Quand il l'aura longtemps médité, trituré, lu et relu, exploré jusque dans les coins, qu'il se sera pénétré jusqu'aux moelles de sa doctrine, un mot du texte aimé sera pour lui une force et une lumière.

Cet opuscule, si absolument dénué d'attrait littéraire, d'une sobriété qui déconcerte au premier abord, petite compilation de remarques pratiques sans détails bien nouveaux, sans forme particulièrement frappante, sans ordre didactique rigoureux, mais qui condense en formules concises l'expérience des saints, qui donne en quelques pages la quintessence de ce qu'il y avait d'universel dans l'ascétisme des vieux âges, ce livre, si nu, s'est trouvé être un des plus puissants qui aient jamais été écrits.

Il ne faut pas le lire ; à dire vrai, ce n'est pas un livre. Il ne faut pas y entrer en théoricien ou en critique : on sera déçu. Il faut le pratiquer, simplement et humblement, en songeant que l'on y est en contact avec l'âme d'un saint canonisé. Il faut se laisser guider par ceux qui en ont l'expérience, et abandonner le reste à Dieu. Après quoi l'on a compris, on a, de cette spiritualité mâle et combattive, la connaissance expérimentale que rien ne supplée.

Lire les *Exercices* et croire qu'on les connaît, c'est étudier une cathédrale dans une description littéraire. Faire une retraite de trois ou huit jours, d'après la méthode ignatienne, c'est connaître le monument d'après une gravure ou un fac-simile réduit. Il faut le voir lui-même, y entrer, l'explorer; et, pour parler en toute compétence des *Exercices*, il serait bon de les avoir faits dans leur entier.

C'est avec cette arme là que les premiers jésuites réformaient les couvents où les envoyait le pape. Avec elle, qu'ils ont regagné une partie notable de l'Allemagne à la foi romaine (1). Avec elle qu'ils ont travaillé à ramener les chrétiens à la communion fréquente. Aujourd'hui l'usage des retraites annuelles, publiques ou fermées, est entré dans les

(1) Janssen, *L'Allemagne et la Réforme*, t. IV, p. 406.

mœurs chrétiennes : en dernière analyse, l'honneur en revient à l'auteur des *Exercices*.

CHAPITRE III

I

Mais un principe intérieur de vie spirituelle ne suffit pas.

Saint Ignace avait été plusieurs années sans voir clairement ce que Dieu attendait de lui, et quelle forme prendrait son apostolat.

Lorsque, pour la première fois, à Paris, dans l'été de 1534, les compagnons qu'il avait recrutés un à un se réunirent autour de lui, — ils étaient six, — ni lui ni eux ne songeaient à fonder un ordre religieux. Ils ne voulaient que se grouper pour travailler à la gloire de Dieu (1). Ils n'avaient d'autre plan que les idées très générales, et ascétiques tout autant qu'apostoliques, qu'Ignace leur avait proposées dans sa méditation de *Deux Étendards*.

Travailler au salut des âmes, s'y préparer par un pèlerinage à Jérusalem, s'y rendre plus apte, non seulement par la chasteté sacerdotale, mais par une pauvreté rigoureuse, dont la caractéristique serait de ne rien accepter pour leurs ministères qui pût, même de loin, ressembler à des honoraires, c'était là tout leur programme à l'origine. Pas d'obéissance ; Ignace, parmi eux, n'était et ne fut longtemps que *primus inter pares* (2).

Où travaillerait-on ? En Europe ou chez les infidèles ? On examinerait la chose à Jérusalem, dans la prière et à loisir.

(1) POLANCO, *Vita P. Ign.*, p. 50. (Monum. Hist. S. J.)
(2) S. RODRIGUEZ, *De Origine et progressu. S. J.* p. 12, 17.

Que si le pèlerinage était impossible, on irait se mettre à
la disposition du pape.

On sait ce qui arriva. Vers ce temps-là, les Turcs blo-
quèrent les flottes vénitiennes dans l'Adriatique et il fallut
rester.

Alors les pères, — ils étaient onze maintenant — allèrent
s'offrir au Souverain Pontife. Paul III accepta leurs services
avec reconnaissance, et se mit en mesure d'employer ces
bons prêtres qui ne demandaient qu'à travailler.

Telle est l'origine historique du vœu spécial que font les
jésuites profès d'obéir au Souverain Pontife *circa missiones*,
c'est-à-dire quelle que soit la mission qu'il daignera leur
confier, chez les infidèles, les hérétiques, ou les catholiques.
Ils seront toujours prêts, ne feront rien pour se faire donner
telle mission plutôt que telle autre, partiront sans retard,
sans excuse, sans hésitation, dussent-ils aller à la mort ; à
pied ou à cheval, avec ou sans viatique. A chaque changement de pontificat le général de l'ordre ira mettre toute la
Compagnie aux pieds du Pape, lui rappelant respectueuse-
ment l'existence et la portée de ce vœu (1).

II

Il y avait quatre ans qu'on était groupé.

Mais si l'on voulait faire œuvre durable, il fallait mettre
un terme au provisoire dans lequel on vivait. D'autant plus
que déjà les candidats se présentaient pour grossir le nombre
des *compagnons*. « Alors, écrit le Père Polanco, naquit en
eux l'idée que la volonté de Dieu était qu'ils formassent une
société durable, laquelle survivrait à leur mort, et irait se
dilatant (2). »

On résolut donc de délibérer sur la règle de vie qu'on
s'imposerait, et qu'on avait l'intention de soumettre à l'approbation du pape.

Pendant plusieurs mois, les pères tinrent conseil, — la
nuit, pour ne pas prendre sur les travaux du jour, — chacun

(1) Paul III. Bul. *Regimen*. Jules III, Bul. *Exposcit*, etc.
Ex. Gen. I. 5. *Constitut.* V. III. 3. C. VI. II. 13. 1. VII. I, 1.
n. 2, 3. B ; 8.
  (2) P. 70,

apportant librement ses idées. On discutait et l'on votait. Sans doute, Ignace était l'âme de ces réunions. Mais une seule fois on le vit imposer sa volonté. Ce fut quand, pour empêcher qu'on ne dît les Ignatiens ou les Iniguistes, comme on disait les Bénédictins, les Franciscains, il fit clairement entendre que, Dieu le voulant ainsi, ils ne devaient pas être autre chose que les « Compagnons de Jésus ».

Le soldat vivait toujours en lui. En ce temps-là, les armées permanentes s'organisaient. Les *compagnies* régulières remplaçaient les vieilles bandes indisciplinées d'autrefois. Est-ce à elles qu'Ignace songeait quand il voulait fonder une *Compagnie* dont Jésus serait le chef, et lui, pas autre chose que le recruteur ? Mais il est certain qu'il tenait à ce nom de Jésus, et n'en voulait pas d'autre pour sa milice nouvelle. « Si l'on s'oppose, disait-il un jour, à ce que nous nous appelions la Compagnie de Jésus, nous deviendrions la congrégation de Jésus, la religion de Jésus, l'ordre de Jésus, mais je ne crois pas que jamais ce nom de Jésus nous soit enlevé (1). »

On sait combien ce nom excita d'orages. Les nouveaux venus ne voulaient-ils pas confisquer à leur profit l'honneur d'être cette Société de Jésus dont parle saint Paul : *Fidelis Deus, per quem vocati estis in societatem Filii ejus Jesu Christi?* Trois cents ans auparavant, on avait mené la même campagne autour du titre de *Frères Prêcheurs* : n'y avait-il donc plus de prédicateurs dans l'Eglise ? Saint Ignace tint bon. Il se montra si ferme sur ce point que ses disciples en concluaient à quelque révélation de Jésus-Christ lui-même (2). Le saint n'avait pas coutume de s'obstiner ainsi dans ses propres idées.

L'Eglise, par la bouche des papes, confirma la résolution d'Ignace. Sixte-Quint imposa bien au père Aquaviva de rédiger un décret qui enlevait à la Compagnie le nom de Jésus. Le père Général obéit, remit le décret au souverain Pontife, qui l'oublia et n'en parla plus.

Grégoire XIV, le 28 juin 1594, trancha officiellement la question, et pour toujours. De son côté, le public s'était

____

(1) *Acta* S.S., t. VII, 31 juillet, n. 334-335.
(2) Polanco, cité par Bartoli. Edit. Michel. I, p. 470, *cf.* Polanco, *Vita P. Ign.*, p. 72.

chargé de rendre impossible tout changement, en créant le mot *Jésuite* (1).

III

Une question grosse de conséquences fut ensuite agitée. On n'avait fait jusque-là que les vœux de pauvreté et de chasteté. Il n'y avait pas de supérieur proprement dit. Les pères commandaient à tour de rôle, chacun leur mois. Évidemment le moment viendrait où l'on devrait avoir un chef permanent. Mais serait-on lié envers lui par le vœu d'obéissance ?

Question étrange à première vue, quand on se rappelle la place privilégiée donnée par saint Ignace à l'obéissance entre toutes les vertus, au grand scandale des ennemis de la Compagnie.

Mais il s'agissait de savoir si l'on deviendrait religieux au sens rigoureux du mot. Or, en ce temps-là, on ne concevait guère la vie religieuse autrement que plus ou moins renfermée dans le couvent, avec les offices du chœur, les austérités de règle et autres observances monastiques, impliquant une certaine stabilité.

Une fois liés par l'obéissance, le pape ne leur imposerait-il pas toutes ces règles, qui, par ailleurs, avaient pour elles la sanction de plusieurs siècles et l'autorité de tant de saints qu'elles avaient sanctifiés ? On vit bien sous Paul IV et sous Sixte-Quint que la crainte n'était pas chimérique.

Mais ils étaient soldats, destinés par vocation à vivre dans la lutte pour le salut des âmes, prêts à partir au moindre signe du pape. Il leur fallait donc une liberté d'allures qui leur permît de travailler sans entraves.

Alors recourrait-on au système des exceptions ? Y aurait-il comme deux règles, l'une pour les religieux sédentaires, l'autre pour les *excurrentes* ? Ne valait-il pas mieux rester clercs séculiers et sacrifier l'obéissance religieuse ?

(1) De là le chiffre de la Compagnie, IHS. On sait que l'usage fréquent de ce monogramme remonte à saint Bernardin de Sienne. Il semble qu'il y eut au début quelques hésitations sur ce titre de la Compagnie. Saint François Xavier parle souvent de la *Compagnie du nom de Jésus*.

Si saint Ignace et ses compagnons s'étaient arrêtés à cette solution, ils eussent créé quelque chose de semblable à l'Oratoire de saint Philippe de Néri, à la Mission de saint Vincent de Paul, ou encore à Saint-Sulpice, une société de prêtres séculiers vivant en communauté.

Mais il ne leur parut pas que les observances en question, propres à la vie monastique ou quasi monastique, fussent inséparables de la profession religieuse entendue au sens strict du mot (1).

Par ailleurs, l'obéissance avait tant d'avantages au point de vue du mérite des actes, elle paraissait si indispensable au bon gouvernement d'une société comme la leur, que les pères résolurent de l'adopter et de devenir proprement religieux, sous un supérieur général élu à vie (2).

IV

Ce point capital établi, l'on alla plus loin. L'obéissance au pape sera l'objet d'un vœu. Mais évidemment ceux qui se mettront ainsi entre les mains du Souverain Pontife devront remplir certaines conditions d'intelligence et de doctrine. Ils devront être prédicateurs, docteurs, capables de lutter avec les hérétiques par la parole ou la plume. Cette élite sera nécessairement peu nombreuse. Pourtant faudra-t-il s'interdire de recevoir des compagnons de moindre mérite intellectuel parfois, bons théologiens pourtant, gens de sens ou de savoir-faire, ou bien que le temps, l'âge, la santé, d'autres raisons encore, empêcheraient de pousser assez loin leurs études théologiques ? Les pères ne le pensèrent pas, et ils admirent en principe qu'on ne rejetterait pas le concours de ces ouvriers moins brillants peut-être, mais parfois aussi utiles.

Ce fut l'origine de la distinction fondamentale, dans l'Institut, entre les profès et les coadjuteurs (3). On régla encore un certain nombre de détails, et, à la fin de juin 1539, après de longues veilles et de longues prières, ils avaient de la future Compagnie une idée encore sommaire mais nette.

(1) SUAREZ, *De religione societatis Jesu*, l. I, ch. VIII.
(2) *Constitut.*, édit. Madrid, p. 298.
(3) *Constit.*, p. 300.

CHAPITRE IV .

LA FORMULE DE L'INSTITUT. — LES CONSTITUTIONS

I

Cette idée, saint Ignace la réduisit en une formule qu'il soumit au Souverain Pontife. Après mûr examen, Paul III l'approuvait oralement (3 septembre 1539). Un an après (27 septembre 1540), il l'intercalait telle quelle dans la bulle *Regimini militantis Ecclesiæ*, qui instituait canoniquement la Compagnie. En résumé : « Les pères se voueront complètement aux âmes par la pratique des prédications, des Exercices, des œuvres de charité, des catéchismes, des confessions. Au Général d'assigner à chacun son degré, et son emploi. A lui de fixer des constitutions conformes à la fin que l'Institut se propose ; pour cela, il s'aidera du conseil de ceux qui lui seront associés, et tout sera décidé à la pluralité des voix. Le Général a pleine autorité pour commander.

Quant à l'obéissance au souverain Pontife, on ne s'en tiendra pas à ce qui est de précepte pour tous les fidèles ; on fera le vœu d'être entièrement entre ses mains pour toute mission qu'il daignera confier.

De la part du Général, grande douceur dans le commandement ; qu'il se souvienne toujours de la bonté et de la charité de Jésus-Christ. Au-dessus de tous les ministères, mettre l'enseignement de la doctrine chrétienne aux enfants et aux ignorants, et cela tant à cause du profit spirituel que chacun peut tirer d'une œuvre aussi humble, qu'à cause de son utilité manifeste pour les âmes. Quant à la pauvreté, ne rien posséder ni en particulier, ni en commun, vivre d'aumônes, n'avoir ni rentes ni revenus, sauf pourtant les maisons d'étudiants et les collèges. Pas d'office de chœur. Longues épreuves avant l'admission définitive dans l'Ordre.

II

Tel est, dans ses grandes lignes, le plan fondamental de la Compagnie, depuis longtemps entrevu par Ignace, mûrement discuté avec ses compagnons, et solennellement approuvé par l'Eglise.

C'est lui que les pères, en se dispersant à travers l'Europe, et jusqu'aux Indes, emportaient pour leur servir de règle. A cette formule, Paul III se contentait d'ajouter : « Nous approuvons, confirmons, bénissons cet exposé ; nous lui garantissons perpétuelle stabilité. Nous prenons les pères sous notre protection... Nous les autorisons à rédiger les constitutions particulières qui leur permettront d'atteindre la fin de leur société, de travailler à la gloire de Jésus-Christ Notre-Seigneur et au salut du prochain, et cela, librement et de plein droit.

Disons-le immédiatement, il y avait dans l'organisation de la Compagnie, telle qu'Ignace la proposait en 1539 à l'approbation du pape, telle surtout qu'il la complètera ensuite, trop de dispositions nouvelles pour que leur apparition dans le « droit des réguliers » ne soulevât pas de controverses. Chose étrange, d'un côté, le cardinal Guidiccioni, opposé par principe à toute fondation nouvelle, partisan d'une réduction de tous les ordres anciens à quatre congrégations, faisait grâce à la Compagnie précisément parce que le plan était nouveau ; d'autre part, oubliant un peu trop leurs propres origines, et toutes les difficultés qu'avaient suscitées les nouveautés des ordres mendiants au xiii⁰ siècle. certains religieux (1), à la suite de Melchior Cano, attaquaient les innovations de la Compagnie comme insultantes pour les anciens ordres. Petites misères qui valurent à l'Institut nouveau de plus sérieux examens et des approbations plus solennelles.

Reste que les innovations étaient nombreuses : suppression de l'office du chœur; deux ans de noviciat; vœux simples pour les uns, vœux solennels pour les autres, les premiers constituant véritablement et proprement dans l'état religieux ; extension très large du pouvoir des Généraux; pas

(1) Il ne s'agit ici que d'individualités isolées désavouées par leurs supérieurs et la majorité de leurs confrères.

de chapitres locaux et provinciaux, pas de costume spécial, etc. Tout cela souleva des objections sans fin. Les papes
intervinrent : le concile de Trente fut amené à dire son mot
sur la question et à constater solennellement les a. proba-
tions pontificales (Sess. 15 c. 16). Mais ces nouveautés ou-
vraient la voie à des modifications plus profondes. Dans les
150 ans qui suivirent la mort d'Ignace, la vie religieuse se
développa dans l'Eglise, d'une façon extraordinaire affectant
cent formes diverses, s'adaptant à une foule de besoins nouveaux. On peut se demander si les contradictions n'auraient
pas davantage entravé ce mouvement, sans la trouée large
et hardie faite par les papes, à l'occasion de la Compagnie,
dans les conceptions traditionnelles.

III

Ignace avait à rédiger maintenant ces *Constitutions* qui
seraient le développement de la bulle *Regimini*. Ce fut le
travail des seize années qui lui restaient à vivre (1540-1556).

Elu général, le 13 avril 1541, malgré les protestations de
son humilité, il se mit à l'œuvre.

Si nous écrivions la vie de saint Ignace nous raconterions
en détail comment fut menée cette composition. Nous le
montrerions réfléchissant pendant des mois sur un point de
détail, pratiquant à la lettre les règles minutieuses tracées
par lui dans les Exercices à propos de ce qu'il appelle l'*Elec-
tion*, notant les raisons pour et contre. « J'en ai compté,
touchant un détail de moindre importance, raconte Bartoli,
jusqu'à sept d'un côté (1) et quinze de l'autre, et toutes
d'un grand poids. »

La nuit, le jour, se passaient dans ce labeur ; afin d'être
tout à ce travail, il se retirait dans le jardin d'un ami, ou
dans une chambrette, à la porte de laquelle un frère mon-
tait la garde.

Il avait d'abord lu et analysé les constitutions des autres
ordres, étudié de près les causes de leur progrès ou de leur
décadence. Aucune lumière humaine ne lui manquait.

Lorsque la raison avait parlé ; c'était le tour de la prière.
Alors, longues méditations, supplications instantes à Marie,

____
(1) I, p. 278 (édit. Michel).

à Notre-Seigneur, à Dieu le Père, Sainte Messe offerte à l'intention précise d'avoir la lumière sur un point donné, larmes abondantes. Une fois, il s'agissait de savoir si les églises de la Compagnie seraient dotées, et si la Société pourrait disposer de ces rentes. Il employa quarante jours à prier, à réfléchir, à offrir le Saint Sacrifice. Nous avons le journal de cette longue lutte avec Dieu : nous le voyons noter soigneusement les attraits, les consolations, les visions, les mouvements intérieurs de la grâce, qui, avec instance, le portent à une pauvreté plus stricte ; les tentations aussi, et les obscurités. Tant qu'enfin, après ces quarante jours, il voit clair et il écrit: « Les maisons et églises que la Compagnie pourra recevoir en vue du bien des âmes n'auront aucun revenu même applicable à la sacristie ou à la fabrique... etc (1). »

Cela fait, il déposait sur l'autel, ce qu'il venait de rédiger, demandant à Dieu de le bénir et de le confirmer. Puis il soumettait aux pères présents à Rome ce qu'il avait ainsi trouvé dans la prière et les larmes.

En 1547, il commença la rédaction qui lui prit trois ans. En 1550, il convoqua près de lui, à Rome, tous les profès disponibles. Chacun examina, annota le travail, et proposa ses corrections. Ignace, aidé de son secrétaire Polanco, revit alors son œuvre, la corrigea, élaguant, complétant, transposant.

C'était fini, semblait-il. Cependant, il ne voulut pas encore donner à ces Constitutions leur sanction dernière. Une chose leur manquait, l'épreuve de l'expérience. Donc, le Père Jérôme Nadal, et le Père Antoine Quadros, s'en allèrent, l'un à travers l'Europe, l'autre aux Indes, divulguer, commenter, faire pratiquer les Constitutions (2).

Pendant ce temps, saint Ignace et son secrétaire continuaient à perfectionner le texte même, criblant de notes et de corrections les manuscrits qui nous restent.

A la mort du saint, la première Congrégation générale approuva le travail du fondateur et lui donna force de loi, et enfin les souverains pontifes, surtout Grégoire XIII, lui apportèrent la dernière et suprême confirmation.

(1) *Const.* P. VI, ch. II, n. 2. Cf. Appendice XVII de l'édition de Madrid. BARTOLI, *Trad. Michel*, t. II, p. 392.
(2) ORLANDINI, Hist. S. J. P. I, XII. 32, 34, etc. XV, n. 128.

CHAPITRE V

L'ÉTAT DES PERSONNES DANS LA COMPAGNIE

Il nous faut maintenant donner une esquisse rapide de l'œuvre de saint Ignace (1).

I

Les *Constitutions* s'ouvrent par l'*Examen général*, préambule en huit chapitres, comprenant toutes les informations à prendre auprès de celui qui voudra entrer dans la Compagnie.

N'y a-t-il pas en lui quelqu'un de ces empêchements qui, de droit, lui fermeraient plus ou moins complètement la porte du noviciat ? Fautes ou défauts, tares naturelles ou morales, intellectuelles ou physiques, capables de stériliser son apostolat, comme apostasie, condamnations judiciaires infamantes ; le fait d'avoir déjà fait partie d'un autre ordre religieux, ce qui serait marque d'inconstance dans l'esprit ; certains engagements qui tiennent à la justice, etc. Puis on met sous les yeux du candidat les conditions de la

---

(1) Les *Constitutions* se divisent en 10 livres, précédés de 'Examen général*.

1er livre, l'admission au noviciat. 2e Les renvois. 3e La formation des novices. 4e La formation des étudiants. Collèges, Universités. 5e L'admission dans la Compagnie. Les divers degrés. 6e Les vœux Les travaux. La mort. L'obéissance due aux Constitutions. 7e Le travail apostolique. 8e Les Congrégations 9e Le Général. 10e Comment maintenir et faire progresser la Compagnie.

Le *Corpus Institutorim* comprend encore le *Bullaire*, le recueil des *Privilèges*, les décrets des *Congrégations générales*, les règles particulières aux emplois. Ajoutons comme annexes, le *Ratio studiorum*, etc.

vie religieuse, sans rien dissimuler de ses obligations pénibles.

« Etes-vous prêt à renoncer au siècle, à toute possession, comme à tout espoir de biens temporels ? Etes-vous prêt à mendier, s'il le faut, de porte en porte, votre pain, pour l'amour de Jésus-Christ ? — *Oui.*

« Etes-vous disposé à vivre en quelque pays du monde et en quelque emploi que ce puisse être où les supérieurs jugeront que vous serez plus utile pour la plus grande gloire de Dieu et le salut des âmes ? — Oui.

« Etes-vous résolu d'obéir aux supérieurs qui tiennent pour vous la place de Dieu, en toutes les choses où vous ne jugeriez pas la conscience blessée par le péché ? — Oui.

« Vous sentez-vous généreusement déterminé à repousser avec horreur et sans exception tout ce que les hommes esclaves des préjugés mondains aiment et embrassent ; et voulez-vous accepter, désirer de toutes vos forces ce que J.-C. Notre-Seigneur aima et embrassa ? — Oui.

« Consentez-vous à vous revêtir de la livrée d'ignominie qu'il a portée, à souffrir comme lui, par amour et par respect pour lui, les opprobres, les faux témoignages et les injures, sans toutefois y avoir donné sujet ?

« Il faut répondre ; et, continue le P. de Ravignan, grâces immortelles en soient rendues à la bonté de Dieu, j'ai répondu : oui. — « Vous passerez pour fou. — Oui, cela me convient ».

C'est pendant ce qu'on appelle la *première probation* que se fait cet examen.

Un indéracinable préjugé veut que les Jésuites soient de grands accapareurs de vocations (1).

L'accusation ne date pas d'hier : Henri IV, dans la célèbre réponse qu'il fit aux remontrances du Parlement (1603) la relevait avec dédain : « Ils attirent, dites-vous,

---

(1) On lit dans une vie récente de saint Pierre Fourrier : « Rien ne permet d'affirmer, tout fait supposer, que Pierre fut sollicité vivement et habilement, comme l'étaient les élèves de choix, d'entrer au noviciat de la Compagnie. Lui-même ne s'est jamais expliqué à ce sujet ; mais il s'est demandé un jour, du ton d'un homme qui avait passé par de semblables épreuves, comment deux de ses meilleurs disciples avaient pu échapper aux mains de ses anciens maîtres. »

les enfants qui ont l'esprit bon et choisissent les meilleurs ;
et c'est de quoi je les estime : ne faisons-nous pas choix
des meilleurs soldats pour la guerre ?... S'ils vous fournis-
saient des précepteurs ou des prédicateurs ignares, vous
les mépriseriez ; ils ont de beaux esprits et vous les en re-
prenez. »

Y avait-il eu des abus réels? les déclamations de E. Pas-
quier, Arnauld, et autres, ne suffiraient pas à l'établir. —
S'il y en eut, une chose reste, c'est qu'alors la règle a été
violée. Saint Ignace demande positivement au supérieur de
ne pas avoir un désir trop ardent de voir la Compagnie
s'augmenter. Que si l'on s'aperçoit que le candidat a subi
de la part de quelque père, quoi que ce soit qui ressemble à
une pression, la porte du noviciat devra se fermer devant
lui pour quelque temps (1).

Mais autre chose est prévenir indiscrètement la volonté
de Dieu, autre chose, quand on a cru la discerner, travailler à en procurer l'accomplissement. On n'exige pas, je
pense, des directeurs jésuites, que, lorsqu'ils ont reconnu
une vocation vraie, ils fassent tout pour l'étouffer.

Quoi qu'il en soit, voici un témoignage qui en vaut bien
d'autres ; il vient du T. R. P. Jandel, autrefois général des
Dominicains. Il a raconté l'histoire de sa vocation et comment, hésitant entre la Compagnie et les Frères prêcheurs,
il avait été porter ses indécisions jusqu'aux pieds de Grégoire XVI. Enfin, ce fut le P. Roothaan, général des Jésuites, qui mit fin au doute : « Ne songez plus à la Compagnie, et soyez Dominicain. »

« On me pardonnera, ajoute le P. Jandel, d'être entré
dans ces détails, mais je tenais à rendre un hommage de
justice et de reconnaissance à la Compagnie de Jésus, que
j'ai tant de fois entendu accuser d'accaparement, et à laquelle nous avons dû, dans les premiers jours de notre
œuvre naissante, une bonne partie de nos premiers compagnons. Ainsi le P. Besson avait pour directeur le P. Roza-
ven, le P. Aussant, avait été envoyé au P. Lacordaire par un
père jésuite de Paris... et le P. Danzas le fut à Rome par le
P. de Villefort (2). »

(1) *Ex. gen.*, iii, 14.
(2) Clair, *Pierre Olivaint*, ch. v, fin. Voir les premières pages
de *Jésuites*, du P. du Lac.

Huit ou dix jours de probation, quelquefois davantage, sont, dans la Compagnie, comme le vestibule du noviciat. On peut en croire la plupart de ceux qui ont passé par là, il n'est guère, pour calmer les enthousiasmes, de douche froide comparable. Avoir dix-huit ans, et rester une grande semaine, à peu près seul, n'ayant pour distraction que les visites du novice chargé de donner les points de méditation : réfléchir quatre heures par jour sur la fin de l'homme, la mort, le péché, la volonté de Dieu, cela suffit parfois pour faire évanouir des vocations que l'on croyait solides.

Et la statistique serait fort curieuse, qui mettrait en regard les chiffres de ceux qui se présentent pour entrer dans les noviciats de la Compagnie, de ceux qui s'éliminent d'eux-mêmes dès la première épreuve, et de ceux qui ne vont pas jusqu'au bout de leur noviciat. Un maître des novices disait : « Tant que je ne suis pas sûr de la vocation et de la persévérance de quelqu'un, je fais exprès de ne voir que les défauts ».

II

Le novice est admis.

Alors deux voies s'ouvrent devant lui, ou bien le sacerdoce avec l'apostolat qui en sera la conséquence, et, par conséquent aussi, avec une préparation plus ou moins longue ; ou bien une vie de travaux manuels et domestiques à l'intérieur de la maison. Si rien n'indique, au premier abord, dans quel sens il faudra diriger le postulant, il entre au noviciat comme *indifférent*; autrement, il sera *novice scolastique* ou *novice coadjuteur*.

Dans les autres ordres, le noviciat est d'un an. C'est l'ancien usage consacré et fixé par le concile de Trente (1). Saint Ignace avait demandé le double de temps et le concile voulut bien confirmer cette règle particulière par une exception solennelle.

Le noviciat se passera dans les épreuves ou « expériments » fixés par le fondateur, dans la prière, les méditations prolongées, les premiers exercices du zèle auprès des

_____
(1) Sess, 25 *de Regular*, c. xv-xvi.

enfants pauvres, des malades, des misérables de toute espèce. Pas d'autre étude, que l'étude pratique de la perfec-
tion. Cette dernière disposition étonne quelquefois. Est-il
sage d'imposer une interruption totale de deux ans, dans
les études, à des jeunes gens dont l'intelligence est en formation, à des savants peut-être, qui devront plus tard
tâcher de regagner le temps perdu ? Mais, qu'on y fasse attention. Le Jésuite ne restera pas confiné dans son monastère, entre sa chapelle, sa cellule et sa bibliothèque. Il ne
tardera pas à reprendre contact avec les hommes quand ce
ne serait que dans les collèges. Alors il lui faudra emporter
son couvent et sa clôture avec lui Pour cellule, pendant
des années, le jeune religieux aura les dortoirs, les salles
d'étude ou les cours de récréation ; en attendant que, plus
tard, il ait les grands chemins. A qui devra vivre au dehors,
perpétuellement mêlé au monde, saint Ignace pensait que
ce n'était pas trop de deux années pleines données exclusivement à Dieu.

<h1 style="text-align:center">III</h1>

Le noviciat achevé, le Jésuite se lie par les vœux à la
vie qu'il a librement choisie, et longuement étudiée. Ici se
place une nouvelle innovation de saint Ignace.

Dans sa pensée, le temps des épreuves est loin d'être fini.
La postulance avait constitué une *première probation ;* le
noviciat forme la *seconde.* Il y en aura plus tard une *troisième.* Dans l'intervalle, le jeune jésuite doit se considérer
comme étant encore en formation. L'âge de la pleine maturité religieuse tardera de longues années. Mais il est d'ores
et déjà véritablement religieux.

Les anciens ordres n'admettaient pour leurs membres,
que deux degrés : les novices et les profès. L'année de noviciat révolue, on concluait son engagement par des vœux.

Or, ces vœux sont de deux sortes.

Ou bien l'Eglise en les recevant leur donnait leur maxi-
mum d'irrévocabilité, et d'effets juridiques contractant avec
le religieux une sorte d'engagement synallagmatique, par lequel, en échange de ses vœux, elle s'engageait à le garder,
le nourrir, le traiter véritablement en fils selon les lois de
son institut. Et comme, en ce temps-là, les lois d'Eglise

étaient plus ou moins reconnues et garanties par l'Etat, les lois civiles ajoutaient leur sanction aux sanctions canoniques. Alors, les vœux étaient *solennels* au sens rigoureux du mot.

Ils étaient *simples*, lorsque, au strict engagement des religieux envers Dieu ne répondait pas. de la part de l'Eglise, une acceptation aussi plénière, et aussi irrévocable (1).

Les grands ordres ne connaissaient que les vœux solennels. Les congrégations locales ou d'importance moindre n'avaient souvent que des vœux simples. Saint Ignace fut le premier à concevoir, dans un même institut, l'union des deux sortes d'engagements. Donc, au sortir du noviciat, le jeune jésuite prononce ses vœux simples de religion, vœux perpétuels pour ce qui est de lui, mais qui ne le lient pas tellement à son ordre, que celui-ci, au cas où de graves, très graves raisons l'exigeraient, ne puisse lui accorder, ou même lui imposer son congé.

Alors, s'il doit rester dans les offices domestiques, il est purement et simplement frère coadjuteur. jusqu'au jour où d'autres vœux, simples encore, mais entourés d'une certaine solennité purement extérieure, le feront entrer dans la catégorie des *coadjuteurs temporels formés*.

S'il est destiné au sacerdoce, il prend le nom de *scolastique*, étudiant. Il parcourt le cycle plus ou moins complet des études littéraires, philosophiques, théologiques, interrompues par un stage souvent assez long, comme régent, dans un collège de la Compagnie. Ainsi les années se passent, années de formation prolongée, et de travaux sans éclat, pendant lesquelles, résistant à la hâte naturelle de se produire, l'âme forge ses armes pour les années de combat.

Ordinairement, le Jésuite a passé trente ans quand il est ordonné prêtre : il est dans toute la maturité de l'âge et du talent.

Mais saint Ignace craint que les études n'aient affaibli en lui l'esprit surnaturel. Alors il le renvoie à la solitude et à la prière Pendant un an — *troisième année de probation* — le nouveau prêtre, reparcourt le cycle des expériments du noviciat. Pour la seconde fois il refait les « grands Exercices » d'un mois ; il se met à ce que saint Ignace appelle

____

(1) Bouix, *Tract. de jure relig.*, t. I, p. 602.

l'école de l'amour, *scola affectus*. Alors enfin, la formation est achevée.

IV

C'est le moment des derniers vœux.

S'il a rempli toutes les conditions fixées par l'Institut, si, les études finies, après avoir réussi dans tous les examens annuels, il a obtenu trois suffrages sur quatre dans une dernière épreuve portant sur l'universalité des sciences philosophiques, physiques et théologiques, alors, il fera la profession solennelle des quatre vœux : pauvreté, chasteté, obéissance, et spécialement obéissance au souverain Pontife pour toutes les missions qu'il voudrait lui confier.

A ces vœux solennels, il ajoute plusieurs vœux simples : spécialement celui de s'opposer à tout relâchement en matière de pauvreté, et de ne briguer aucune dignité dans l'ordre et aucune prélature au dehors.

La profession a pour effet de lier tellement le religieux à la Compagnie, qu'il faudra, pour le congédier, des raisons exceptionnellement graves. Encore emportera-t-il ses vœux avec lui dans le monde où il rentre ; tandis que le coadjuteur formé et le scolastique en sont déliés par le fait même d'un départ imposé ou accordé.

Le *coadjuteur spirituel formé* n'émet, au terme de sa formation, que des vœux simples Profès et coadjuteurs sont égaux en tout : « Nul privilège, nulle prérogative n'appartient à personne dans la Compagnie. Les places de supérieurs sont même, de préférence, données aux coadjuteurs spirituels ; et les profès leur sont le plus souvent soumis. Cependant, quelques charges en très petit nombre, sont réservées spécialement à ceux-ci ; les profès ont aussi le droit, avec certains supérieurs désignés par la règle, d'assister aux congrégations ou assemblées provinciales et générales de l'Ordre. Ces réunions sont assez rares et limitées à certains cas (1). »

(1) Parfois, mais rarement, la Compagnie récompense des services exceptionnels en accordant le privilège de la *profession des trois vœux*. Cette catégorie jouit de tous les droits accordés par les lois canoniques générales aux profès ordinaires, mais

Le fait même d'avoir rempli les plus hautes fonctions dans l'Ordre, ne donne aucun droit, n'exempte d'aucun devoir. Le temps de la charge fini, le supérieur ou le provincial rentre dans le rang, et rien ne le distingue plus.

Cette organisation absolument originale n'a été copiée telle quelle, par aucun ordre ou congrégation, après saint Ignace. Mais plusieurs en ont pris quelque chose. Le principe du *troisième an de probation* a été accepté par bon nombre de congrégations de femmes : les Frères des Écoles chrétiennes s'en sont librement inspirés.

Ajoutons qu'en 1857 le pape Pie IX imposait aux ordres religieux à vœux solennels un régime nouveau qui n'est pas sans analogie avec celui qu'avait fixé saint Ignace. Après le noviciat, fait conformément aux règles du concile de Trente et durant un an, l'on émet les vœux simples ; et, seulement trois ans après, les vœux solennels.

CHAPITRE VI

LES VŒUX

I

Si la répartition des religieux de la Compagnie en catégories diverses était nouvelle, les devoirs que leur imposaient leurs vœux ne l'étaient pas. C'était la chasteté, la pauvreté, l'obéissance telles à peu près qu'on l'entendait depuis les Pères du désert.

De la chasteté, il n'y a rien à dire. Notons seulement à ce

non pas des droits particuliers donnés par l'Institut aux profès de la Compagnie : à ce dernier point de vue, ils sont à peu près sur le même rang que les coadjuteurs spirituels. On ne saurait dire combien d'insanités ont été écrites par les adversaires de la Compagnie au sujet de ces profès. Pour beaucoup, ce sont les « Jésuites secrets », tel que fut, comme on sait, Charles X.

propos, — et ce rapprochement entre la chasteté et la mortification n'aura rien qui étonnera ceux qui sont un peu au courant des choses ascétiques, — que le saint fondateur ne crut pas devoir imposer aux membres de la Compagnie des austérités réglées, incompatibles, pensait-il, avec la variété des ministères, des temps et des lieux, des circonstances et des hommes, et surtout avec l'obligation où serait le Jésuite de vivre souvent au dehors. Il pensait, et l'histoire des saints de la Compagnie prouve assez qu'il ne se trompait pas, que l'esprit intérieur leur apprendrait à suppléer à ce que la règle ne voulait pas leur imposer.

II

Pour la pauvreté, il la voulait absolue chez les individus. Le Jésuite ne possède rien en propre. C'est gratuitement qu'il doit remplir ses ministères. Il n'a aucun droit strict à une rétribution pour sa prédication ou son enseignement. Il lui faut une permission expresse du pape pour recevoir des honoraires de messes. Ce qu'on peut lui donner à l'occation d'un sermon ou d'une retraite, doit être offert à titre d'aumône. Si on ne lui donne rien — le cas arrive, — il n'a pas à se plaindre. S'il rentre à la maison aussi pauvre qu'il en était parti, tout est bien : *gratis accipistis, gratis date.*

Quant aux maisons, saint Ignace estima qu'elles ne pouvaient pas toutes être mises au même régime.

D'une part la pauvreté rigoureuse de l'individu lui apparaissait comme le « rempart de la vie religieuse » ; l'expression est de lui. Il voulait qu'on l'aimât « comme une mère ». Aussi, faisait-il faire aux profès le vœu spécial de s'opposer à tout relâchement officiel et législatif en matière de pauvreté.

D'autre part, il savait, par l'expérience de sa vie universitaire, que l'étude et la mendicité sont choses incompatibles, et qu'il faut pour travailler intellectuellement, « être à l'aise dans son domestique (1) ».

De plus, l'histoire des Ordres religieux était là pour lui apprendre que si l'excessive richesse de l'association est à

______

(1) Bossuet.

craindre, l'excessive pauvreté l'est peut-être tout autant ; car alors le besoin se faisant sentir, chacun est obligé de s'ingénier pour vivre et s'assurer le lendemain ; les supérieurs, incapables de fournir le nécessaire, ferment les yeux, et peu à peu l'esprit de propriété envahit la vie religieuse.

Il y avait là bien des intérêts à concilier. Il jugea donc que, si la pauvreté devait être identique pour tous les individus, il convenait de ne pas imposer à toutes les maisons la même règle. Il distingua les collèges et les maisons professes.

Les collèges, ou maisons d'étudiants, devraient être dotés. Quelque bienfaiteur, prince, évêque. ville. ou pape.assuraient des revenus fixes pour l'entretien des maîtres, les besoins généraux de l'enseignement, l'église, les bâtiments, etc. Ainsi l'évêque Guillaume Duprat fonda le collège de Clermont à Paris ; Henri IV. celui de la Flèche ; Grégoire XIII, le collège Romain et le collège Germanique.

L'enseignement pouvait alors être absolument gratuit ; et, comme ces établissements étaient presque toujours dans de grandes villes, l'immense majorité des élèves se composait d'externes (1).

Pour les maisons professes, il n'y avait plus les mêmes raisons d'admettre le principe des revenus. Ce sont comme des hôtelleries où les pères ne vont qu'en passant dans l'intervalle qui sépare un ministère d'un autre. Pour toute res-

---

(1) On objectera : Mais les pensions aujourd'hui payées dans les collèges, comment se concilient elles avec le principe de la gratuité ? — Mettons à part les pensionnaires non boursiers : c'est bien le moins qu'ils fassent les frais de leur entretien matériel. Reste la rétribution scolaire proprement dite. — Dans l'ancienne Compagnie la gratuité était si réelle que les établissements rivaux, à Paris, par exemple, obligés, eux, de faire payer leur enseignement, ne pardonnaient guère aux Jésuites ce point de leur règle. Aujourd'hui les circonstances ont changé à peu près partout. Plus de « fondations » assurant la vie des maîtres, faisant face aux dépenses de bibliothèque, de nourriture et d'habitation. Il faut bien y suppléer. Mais le jour où l'on pourrait en revenir purement et simplement à la lettre des Constitutions. les Jésuites accepteraient de grand cœur un régime qui, avec la sécurité pour l'avenir, leur assurerait une inappréciable liberté morale.

source, elles n'auront donc qu'une inébranlable confiance
en Dieu, pour tout bien le mobilier indispensable. On vivra
des aumônes reçues et dépensées au jour le jour. Et c'est ce
point de la règle qui assigne à la Compagnie sa place, à
côté des frères mineurs et des frères prêcheurs, entre les
Ordres mendiants (1).

III

Mais les « richesses scandaleuses » des Jésuites. Hélas !
elle ne date pas d'hier la fable du milliard des Congrégations. Autrefois seulement, on y mettait un peu plus d'imagination. Les Jésuites avaient leurs vastes exploitations,
leurs colonies, et même des royaumes en Amérique. Saint-
Simon parle sérieusement des caisses qui arrivaient en Espagne avec l'inscription : « Chocolat du Père Général »,
mais si lourdes, que les soupçons s'éveillèrent... c'était l'or
d'Amérique à destination du Gesu de Rome. L'absurde mythe
n'a pas disparu : sur les côtes de Bretagne on parle encore
parfois mystérieusement des flottes de la Compagnie. Les
Jésuites de Jersey ont plusieurs fois reçu des propositions
de vente de vaisseaux pour leur flotte des Antilles ou d'engagements comme pilotes et capitaines. Ne sait-on pas qu'à
Paris, ils sont propriétaires, occultes — toujours ! — du
Bon Marché ?

La réalité était souvent moins brillante. Jamais peut-être,
et nulle part, les Jésuites n'eurent une situation en appa-
rence plus prospère qu'en France au xviie siècle. Les archives locales sont aujourd'hui éparpillées dans les bibliothèques publiques ; on peut les y consulter. J'ose promettre
aux fureteurs de curieuses révélations. Ils pourront voir si
les faits suivants, cités par le Père de Ravignan, sont des
inventions jésuitiques (2).

(1) Les *Mineurs* sont mendiants de fait en vertu de leur
règle : Les *Carmes, Dominicains*, et *Ermites de saint Augustin*, le sont en vertu de Constitutions, annexées aux règles.
Saint Pie V leur adjoignit les *Servites*, les *Minimes*, les *Jésuates*
(fondés par saint Jean Colombin) et la Compagnie de Jésus.
Beaucoup d'ordres, depuis, ont reçu participation aux privilèges
des Ordres mendiants. — Pour la Compagnie, voir la bulle de
Pie V, *Dum indefessæ*, 7 juillet 1571.
(2) RAVIGNAN, *De l'Exist. et de l'Institut des Jésuites.* Appen-

Sous Henri IV, le Père Coton présenta à M. de Bellièvre, chancelier, à Sully, aux secrétaires d'Etat, un inventaire des biens de la Compagnie, d'où il résultait que, l'un dans l'autre, les Jésuites de France avaient par an, chacun 200 livres, « y comprenant vivre, vestir, librairie, bastiment, procès, viatique » et que tel ecclésiastique de France, à lui tout seul, était plus riche que tous les Jésuites du royaume ensemble.

En 1675, aux recteurs de presque tous les collèges, qui se plaignaient de leur détresse, le Père Oliva, offre comme remède... la confiance en Dieu et l'observation des règles.

En 1691, mêmes plaintes et même réponse : « Si tout va bien pour le spirituel, tout ira bien pour le temporel. » En 1695, la maison professe de Paris est réduite à la dernière extrémité. Le Général l'autorise à prendre certains moyens pour sortir de là, mais il maintient l'interdiction de recevoir les honoraires des messes. 1696, nouvelles doléances, et le Général répond par ces paroles de Tobie : « Ne craignons rien, mon fils : nous menons une vie pauvre, mais nous aurons de grands trésors, si nous craignons Dieu, si nous évitons le péché, si nous faisons le bien. »

Sous Louis XV, les choses avaient empiré. En 1767, Choiseul écrivait à d'Aubetern, ambassadeur à Rome : « Les Jésuites depuis longtemps n'ont eu que du mal en France et n'y en ont pas fait : ils n'y sont point à craindre, et le seront tous les jours moins. Ils étaient pauvres dans le royaume, et d'ici à longtemps il y a lieu de croire qu'ils ne s'y rétabliront pas. »

— « Mais leurs églises ! » Hélas ! que de fois, ce beau décor n'était qu'un cache-misère. Grâce aux bienfaiteurs infatigables, la sacristie regorgeait d'ornements, et, à la lingerie, il n'y avait plus de chemises.

— « Mais les Jésuites recrutés, on le sait, en grande

dice II. Edit. Lanier, 1855. *Clément XIII* et *Clément XIV*, I, p. 384. II p. 20. Voir dans la *Revue du monde catholique*, 1er nov. 1894 1er déc. 1894 1er janv. 1895, les articles du P. Dunn sur les *Richesses des Jesuites*, extraits de son grand ouvrage *Jesuiten Fabeln*. — De Rochemontkix, *Le collège Henri IV de la Flèche*. T. I, p. 113-122. — Chossat. *Les Jésuites à Avignon*, ch. xviii. *Etudes religieuses*, 1901. T. IV, p. 537.

partic parmi les familles riches, — n'abandonnent-ils pas leurs biens à la Compagnie ? » — Ils en ont le droit, et c'est pour plusieurs une manière de payer leur dette de reconnaissance. Le font-ils toujours ? Ce sont là choses intimes dont, seuls, les intéressés ont le secret. Mais il est des témoins plus indiscrets.

Il existe aux archives secrètes de Vienne, un grand registre relatant les actes de renonciation faits par les Pères de Bohème entre 1632 et 1722. Voici ce qu'on y trouve : 1re page, sur 14 Jésuites, 7 ont laissé leurs biens à des frères, sœurs ou parents ; 2e page, 10 sur 20 ; 3e page, 5 sur 8, et un qui a légué sa fortune à un hôpital ; 5e page, 5 sur 5 laissent tout à leurs parents, le dernier y met cette condition, que ses trois sœurs distribueront 50 florins à des pauvres honteux ; 6e page, 9 sur 12 laissent leurs biens, partie à leurs parents, partie à des hôpitaux, et ainsi de suite (1).

IV

Reste le vœu d'obéissance. A en croire l'indestructible légende, c'est là surtout que saint Ignace se serait montré le funeste novateur que l'on sait (2).

Les ennemis de l'Eglise ont pris à son égard des attitudes indignées. C'était au nom de la dignité humaine Avec leur compétence habituelle, confondant le vœu et la vertu, s'obstinant à attribuer à Ignace la comparaison du cadavre qu'il avait prise à la tradition ascétique du Moyen Age, et qu'on retrouve dans saint Bonaventure, et sur les lèvres de saint François d'Assise (3), usant et abusant, contre toute

(1) *Revue du monde catholique.* 1er nov. 1894, p 283.
(2) On trouvera la pensée de saint Ignace sur ce sujet dans les *Constitutions*, p. VI, ch. I, — la *Lettre sur l'obéissance*, 26 mars 1553 (*Cartas de san Ignacio*, CCCIV, cfr. CCXXXII). — Le *Testament sur l'obeissance* Bartoli-Michel. T. II, p. 12. RIBADENEIRA, *Tratado del modo de gobierno*, etc.
(3) Voir le *Speculum perfectionis*, attribué au fr. Léon, édition Sabatier, p. 84. Le pseudonyme qui se cache sous le nom de HERMAN MULLER, dans son pamphlet *Les origines de la Compagnie de Jésus. Ignace et Lainez* assure que la comparaison est empruntée aux musulmans ; et il cite des textes du... XVIIIe siècle.

vraisemblance historique et psychologique des mots d'automate et de machine, ils ont représenté la Compagnie, comme un mécanisme ingénieux, admirable, si l'on veut, de complexité et de souplesse, mais où les individualités sont broyées, où toute saillie originale s'émousse, où toute initiative est réprimée, où il y a des rouages et pas d'hommes.

J'ai beau faire pourtant, je ne vois rien d'automatique dans la vie d'un Canisius, d'un Alexandre de Rhodes ou d'un de Smet, d'un Possevin ou d'un Vieyra, d'un Campion ou d'un Maunoir, d'un Ravignan ou d'un Milleriot. Je ne vois pas davantage comment cette obéissance a gêné l'activité intellectuelle d'un Suarez, d'un Petau, d'un Sirmond, d'un Bellarmin, ni celle des savants Clavius et Secchi, ni celle de la longue série des Bollandistes.

Aussi bien voici qui est assez clair. Saint Ignace envoie, au nom du pape, deux de ses fils en Irlande pour porter aux catholiques persécutés les encouragements du Saint Siège. D'autres vont, comme théologiens, au Concile de Trente. Le Saint leur donne par écrit des instructions. Plus d'un qui les a lues, s'est écrié : Ce n'est que cela ! On y trouve de l'ascétisme et très peu de politique, des avis généraux et très peu d'ordres positifs. On voit qu'il « n'aimait pas à descendre à des détails dont ses subordonnés étaient destinés à devenir les meilleurs juges au contact immédiat et prolongé des événements... » (1) On y trouve une méthode générale pour traiter avec les hommes sans les froisser, pour éviter ce qui serait scandale, mais aucun mandat impératif, point de résolutions imposées d'avance à un agent passif : « Délibérez entre vous pour tous les points sur lesquels vos sentiments seraient partagés : faites ce que deux sur trois auraient approuvé, rendez compte tous les mois de votre légation. »

Cette discipline rigoureuse a-t-elle arrêté dans son essor quelque génie inconnu ? Qui le dira ? Mais qui dira aussi combien d'autres auraient gagné dans l'ordre de l'apostolat et de la pensée à être tenus de plus court par une autorité plus sévère ? Génies étouffés par la discipline, génies

____

(1) H. JOLY, *S. Ignace*, p. 168.

brisés par abus de la liberté, qui décidera de quel côté sont en définitive les plus grosses pertes?

D'autres ont été plus loin. Ils ont écrit bravement que le Jésuite doit obéir jusqu'au péché mortel *inclusivement*. Comment ces auteurs, parfois examinateurs au baccalauréat, et correcteurs de versions latines, ont-ils pu trouver ces belles choses dans un texte qui dit très clairement : *ubi peccatum non cerneretur* (1).

Oui, saint Ignace demande à ses soldats une obéissance exacte. Mais qu'on y fasse attention, avec les ascètes de toutes les écoles, de cette obéissance il exige deux qualités.

D'abord qu'elle soit joyeuse, et par conséquent (2) aimée, et par conséquent libre. Aussi veut-il que le supérieur se fasse chérir comme un père, provoque la confiance et use moins de l'autorité que de la persuasion. Qu'il commande le moins possible. « Compagnie de Jésus », disait François Xavier, protestant contre les manies rudes et autoritaires d'un supérieur local, « c'est comme qui dirait Compagnie d'amour ». Cette définition du grand apôtre Jésuite est restée le mot d'ordre de ses frères.

Et c'est chose qui surprend souvent ceux qui entrent dans la Compagnie, ayant l'expérience du monde, ayant, comme officiers, par exemple, beaucoup obéi, et beaucoup commandé, combien l'autorité religieuse est douce et condescendante au prix des autorités humaines.

On parle tout de suite d'obéissance militaire quand il s'agit des Jésuites, et l'on a raison, en somme, à condition de ne pas oublier que dans le régiment recruté par Ignace, les chefs sont et restent pères, et que l' « esprit de corps » y est surtout « esprit de famille. »

Que dit-on au Jésuite? « tâchez de vous identifier avec la volonté de votre supérieur, d'entrer dans ses vues, et de faire ce qu'il ferait à votre place. Ce sera le meilleur moyen de réussir. » En d'autres termes, faites avec goût ce que vous faites.

Et que dit-on au soldat? Ne vous contentez pas d'une obéissance mécanique, mécontente, grogneuse et de mauvaise humeur. Mettez-y du cœur et essayez de réussir. Ve-

_____

(1) *Const.*, P. III, ch. i, *Cf.* VI, ch i, 1 B.
(2) *Constit.*, P. I, ch. I, nᵒ 1.

nez à bout de vos répugnances pour le métier et transformez-les en véritable goût ; c'est le seul moyen de bien faire.

On dit au Jésuite, ou plutôt, — car il n'y a là rien qui soit propre à la Compagnie, — on dit au religieux : « Si vous voulez aimer les ordres reçus, dites-vous que c'est Dieu qui commande par la bouche du supérieur. Dieu peut-être, ne veut pas que le supérieur donne cet ordre, — honnête en soi, mais peu expédient, et il lui en demandera compte. Pourtant il exige que l'ordre reçu soit exécuté. »

On dit au soldat : « Pour aimer la discipline et la consigne dites-vous que c'est la patrie qui commande par la voix du capitaine. Il sera responsable, lui, des ordres qu'il aura donnés : mais un intérêt supérieur exige que vous, vous les exécutiez, non par amour pour lui certes, qui peut-être ne le mérite guère ; mais au-dessus de lui, il y a la patrie. »

Voilà l'« obéissance de volonté ».

<h1 style="text-align:center">V</h1>

Aimée, cette obéissance sera vite intelligente, oui, même l'obéissance du jugement, même la fameuse obéissance aveugle.

Devant un ordre venant de haut, il y a deux attitudes possibles. L'une, qui est fort à la mode, consiste à prendre en tout le contre pied de l'autorité. Le premier mouvement est de chercher par où elle pourrait bien avoir tort. L'autre, en sens inverse, se demande d'abord par où l'autorité peut avoir raison. Je laisse à juger de quel côté est la sagesse. Il me suffit de noter que la seconde attitude est précisément ce qui, sous la plume d'Ignace, s'appelle l'obéissance de jugement. L'intelligence fait effort pour comprendre.

Or, des cas peuvent se présenter, — et cela, non seulement pour le religieux, mais partout où l'on a au-dessus de soi une autorité, — où il est impossible de comprendre. On n'arrive pas à se justifier l'ordre donné.

Dans quelles limites le soldat peut-il alors faire des représentations à son chef ? Toujours est-il que, pour le Jésuite, ces représentations sont admises. Saint Ignace, il est vrai, demande que l'on prie tout d'abord, qu'on se mette l'esprit dans le calme, en une sorte d'indifférence pratique, qu'on propose ses doutes bonnement et simplement, prêt à

se soumettre quelle que puisse être la décision. Que si le
supérieur ne tient pas compte des observations, le recours
est toujours ouvert aux autorités majeures ; et le secret de
ces communications est absolu (1).

Et voilà, si je ne me trompe, qui suffit à détruire la légende du religieux machine et du Jésuite automate. Il ne
s'agit plus d'obéir sans réfléchir et de fermer obstinément
les yeux à ce qui paraîtrait être la vérité ; seulement le
simple fait de se trouver en opposition d'idées avec le supérieur, — homme droit et éclairé, il faut bien le supposer,
— doit amener à réfléchir, et à concevoir des doutes. Et
alors, est-ce trop demander à l'inférieur, que de lui dire :
« Ce qu'on vous ordonne est honnête en soi. Vous n'en
voyez pas clairement la prudence et l'à propos ; il y a des
raisons pour, il y a des raisons contre. Dans l'ordre spécu-
latif, libre à vous de discuter à l'infini. Mais vous êtes dans
l'ordre pratique : il faut agir. Vous avez contre vous l'avis
d'un homme ordinairement sage et grave ; contre vous encore, l'intérêt supérieur de la discipline à sauvegarder.
Prenez sur vous de sacrifier vos idées personnelles. »

Après tout ce sacrifice n'est-il pas de tous les jours dans
la vie ordinaire ?

On peut aller plus loin :

Il est absolument clair que le supérieur se trompe. Ce
qu'il ordonne n'est pas un péché, mais c'est une grosse,
très grosse imprudence, et il y va de votre vie peut-être,
ou de la ruine de vos œuvres.

C'est ici que nous entrons dans le domaine de l'obéissance
aveugle.

Pour toute réponse j'apporterai deux exemples tirés de la
vie militaire.

Lord Raglan, — c'était le 25 octobre 1854 sous les murs
de Sébastopol, — mit la cavalerie russe en désordre et il or-
donna à Lord Lucan de marcher en avant et de reprendre
certaines positions.

Quand l'ordre arrive, il est trop tard, la cavalerie russe
s'est reformée. Lord Lucan lit le message qu'on lui apporte,
hésite, objecte l'inutilité et les dangers du mouvement.
L'aide de camp insiste et affirme que l'ordre est absolu.
« Votre instruction écrite, déclarait plus tard le comman-

____

(1) *Exam.* VIII, A. *Const.* P. III, ch. II, n. 1. Ep. *Obed.*, n. 19.

dant à Lord Raglan, était, à mon avis, si précise, les ordres transmis si positifs et si pressants, que je me crus impérieusement obligé d'obéir, et je fis savoir à Lord Cardigan qu'il fallait avancer. Aux objections qu'il me fit, et que j'approuvais complètement, je répliquai que l'ordre émanait de votre Seigneurie. »

On sait la suite : la fameuse charge de Balaklava, héroïque folie, et l'écrasement absolument inutile de la « brigade légère ».

Autre exemple :

L'escadre anglaise évolue dans les eaux de la Syrie : c'est le 22 juin 1893. Un ordre absurde est donné par le vice-amiral Tryon, commandant en chef. Le contre-amiral Markham comprend immédiatement le danger : son vaisseau, le *Camperdown*, va venir heurter le *Victoria*, qui porte le commandant en chef, et l'un des deux coulera. Il fait signe qu'il n'a pas compris ; il ordonne de demander à Tryon, par le sémaphore à bras, si son intention est bien de faire évoluer les colonnes comme l'a indiqué le signal. Mais avant que son ordre ait pu être exécuté, le commandant en chef télégraphie pour demander ce qu'on attend. Markham se dit alors que le vice amiral a une intention cachée. Il ne peut pas ne pas avoir vu le danger, et il va manœuvrer en conséquence. Donc, confiant dans la compétence de son chef, il obéit.

Quelques minutes après, les deux cuirassés se heurtent, et le *Victoria* coule, entraînant la mort de 22 officiers et de 336 hommes.

On fut sévère dans les milieux militaires d'Europe pour l'obéissance aveugle, et trop aveugle, de Markham. La Cour martiale de Malte fut d'un autre avis : elle regretta que le contre-amiral n'eût pas donné suite à son projet de demander un supplément d'information ; mais elle ajouta qu'il serait fatal aux plus grands intérêts du service de dire que cet officier général fût à blâmer pour avoir exécuté les ordres du commandant en chef, celui-ci étant présent en personne.

Voilà l'obéissance aveugle militaire poussée jusqu'à ses plus extrêmes conséquences.

Voici maintenant l'obéissance aveugle du religieux.

Un supérieur donne un ordre qu'il croit prudent, et qui

très probablement ne l'est pas. Cependant la chose est honnête en soi : c'est l'hypothèse.

L'inférieur, usant de son droit, fait ses représentations : on passe outre. Alors il raisonne ainsi : « Il me paraît clair qu'on se trompe Pourtant, je ne suis pas infaillible, et le supérieur peut avoir ses raisons que je ne sais pas ; obéissons. » C'est le raisonnement du contre-amiral Markham. Ou encore : « L'erreur est évidente, l'ordre est imprudent. Mais j'ai à choisir entre deux maux : obéir, en courant les risques que je prévois, désobéir, et, par suite, ébranler la discipline religieuse. Dieu veut que je prévienne ce second mal qui est le plus grand : obéissons. » C'est le raisonnement de la Cour martiale de Malte : c'est celui des officiers de Balaklava.

Moralistes et juristes penseront ce qu'ils voudront des deux exemples militaires cités. Si on les condamne, c'est apparemment qu'ils ne vérifient pas la restriction posée par saint Ignace : *Ubi non cernetur peccatum.* En Angleterre, on les approuve, on les applaudit. Dans la froide et pratique nation si dédaigneuse des pensées entraînantes qui soulèvent parfois leurs voisins d'Outre Manche, il n'y a qu'une voix pour acclamer la « magnifique et immortelle boutade de Balaklava » ; une voix pour amnistier l'obéissance aveugle de l'amiral Markham.

Mais alors pourquoi condamner l'obéissance du Jésuite ?

CHAPITRE VII

LE GOUVERNEMENT

I

N'y a-t-il donc aucune différence entre l'obéissance du Jésuite et celle des autres ordres religieux ? Aucune si nous nous en tenons à l'ascèse de cette vertu ; quelques-unes, mais d'importance secondaire, si nous considérons le vœu lui-même, avec la portée de ses obligations. Il n'en est plus tout à fait de même, si de l'inférieur qui obéit, nous passons au supérieur qui commande, à l'autorité.

Tous ceux qui ont eu à parler des Jésuites, amis et ennemis le reconnaissent : chez eux l'autorité est forte. Les uns s'en irritent. D'autres, les politiques, comme Richelieu, affectent de s'en inquiéter, ou disent avec le duc Victor de Broglie : « Je ne fais aux Jésuites qu'un reproche, c'est qu'ils sont un gouvernement. » D'autres enfin, sont attirés vers eux, précisément à cause de cette discipline.

Mais qu'on ne s'y trompe pas : autorité forte ne veut pas dire autorité absolue, sans contrôle ni contrepoids. Celui qui fait vœu d'obéissance entre les mains du Général des Jésuites ne se lie pas d'une façon illimitée : pareils engagements seraient absurdes et indiscrets. Ses devoirs d'inférieur, et par suite, les droits du supérieur, sont limités par l'esprit et par la lettre des Constitutions. Il n'a juré d'obéir que dans l'hypothèse où l'on ne sortira pas de ce domaine.

La force dans l'autorité ne dit pas davantage la rigueur. Il n'en résulte pas que l'obéissance est devenue plus difficile et plus crucifiante. Sauf des cas exceptionnels, où le supérieur est amené à demander quelque grand sacrifice, c'est le contraire qui arrive. L'autorité forte est la force même de l'inférieur. L'autorité faible le laisse à sa faiblesse.

Ajoutons, la remarque n'est peut-être pas inutile, que le propre d'une autorité vraiment forte n'est pas du tout de comprimer les initiatives, mais de les diriger. Je dirai plus, elle se montrera forte dans la mesure où elle les redoutera moins, où elle leur laissera plus volontiers le champ libre, tout en se réservant le contrôle et le pouvoir de réprimer énergiquement, le cas échéant, tout ce qui ressemblerait à un abus. Qu'on lise, sans parti pris, les annales de la Compagnie, aux pages les plus brillantes de son histoire — ce sont ordinairement les pages les plus sanglantes, — et qu'on me dise si tout cela, fondation de missions en pays infidèle, ou luttes contre l'hérésie en Allemagne ou en Angleterre, peut s'expliquer sans une grande latitude laissée aux ouvriers, sans une large confiance de la part du supérieur ?

II

Cela posé, en quoi consiste l'autorité dans la Compagnie ?

Le Général vient de mourir. Aussitôt, dans chaque province, les plus anciens profès et les recteurs de collège se réunissent en « Congrégation ». Ils élisent deux députés, qui, avec le provincial, se rendront à Rome pour l'élection d'un nouveau supérieur et formeront la *Congrégation générale*. Sorte d'assemblée aristocratique, elle n'a qu'un pouvoir éphémère, mais c'est le pouvoir suprême : elle est au-dessus du Général qu'elle va élire et qui, une fois élu, devient son président. Convoquée extraordinairement, elle pourrait le déposer. Son rôle est double : donner un chef à la Compagnie, et, cela fait, légiférer. A elle donc d'ajouter aux Constitutions, de les modifier, de les abroger, de les expliquer, et surtout de les adapter aux circonstances nouvelles.

Sa tâche terminée, elle se dissout, et le « préposé général » reste seul à la tête de la Compagnie.

C'est le pouvoir exécutif. Il est nommé à vie. Son autorité est pleine, immédiate sur les moindres de ses inférieurs. Le recours à lui est toujours possible. Son pouvoir, très limité s'il s'agit de détruire ce qui existe, est fort étendu s'il faut édifier. A lui donc de recevoir dans l'ordre, d'admettre à tel ou tel degré, de fonder de nouvelles provinces, de nouvelles maisons, etc. Il ne légifère pas, mais il interprète la loi dans les cas particuliers. Il est l'intermédiaire entre la Compagnie et le Pape, et c'est lui, qui, au nom du Souverain Pontife, envoie ceux qu'il juge à propos dans les missions lointaines.

Il a son conseil, élu, comme lui-même, par la Congrégation générale. L'ordre est divisé en assistances comprenant un certain nombre de provinces. Un père connaissant à fond les besoins de chacun de ces groupes les représente auprès du Général. Le rôle des *assistants* est donc de servir d'intermédiaire entre lui et les différentes parties de la Compagnie.

Ils ont encore pour mission de veiller à ce que rien ne se fasse dans le gouvernement central contre les règles et l'esprit de l'ordre. « Dans un cas extrême, qui ne s'est pas encore présenté et qui, Dieu aidant, ne se présentera jamais (1) », ils pourraient provoquer la réunion d'une Congrégation, afin de déposer le Général devenu indigne ou incapable et de lui donner un successeur.

Près du Général encore, Saint Ignace a mis l'*Admoniteur* chargé de veiller sur son âme. Au cas où les assistants, jugeraient la chose nécessaire, pour son bien personnel ou pour le bien de la Compagnie, ce serait à lui de l'avertir en toute liberté.

III

Le mode préféré par les anciens ordres pour la désignation des supérieurs était l'élection. C'était même le seul possible dans les congrégations où chaque maison gardait plus ou moins son autonomie. Comme toutes les choses humaines, il comportait un mélange d'avantages et d'inconvénients. Danger des intrigues d'une part, mais de l'autre, caractère plus familial dans la vie commune.

Le but très spécial que se proposait Ignace, le caractère militaire qu'il voulait imprimer à son œuvre lui fit préférer à cette quasi démocratie monastique une sorte de monarchie tempérée.

Seul, le Général arrive à la supériorité par l'élection ; encore ses électeurs sont-ils le tout petit nombre, et ils sont choisis d'après un système qui ne rappelle en rien les modes de suffrage actuel (1).

A lui ensuite, et à lui seul, de choisir les supérieurs locaux, provinciaux, recteurs de collèges, supérieurs de missions, etc. Mais il ne le fait pas sans avoir pris sur les personnes des informations très précises, et cela, non pas seulement auprès des supérieurs alors en charge, mais auprès d'autres pères qu'il sait bien renseignés.

Le Provincial est supérieur des établissements soumis à sa juridiction. Il doit les visiter en personne une fois par an. Il a ses consulteurs et son admoniteur nommés par le Général : il doit prendre et recevoir leurs avis : mais rien

(1) Ravignan.

(2) Ils sont élus par la Congrégation provinciale, laquelle est formée de députés désignés *ipso jure* par les Constitutions,

ne l'oblige à les suivre aveuglément. Du reste ses droits et ses devoirs sont minutieusement déterminés par les règles spéciales.

De même pour les supérieurs de maisons particulières : ils ont près d'eux le *ministre*, leur bras droit, quelque chose comme le prieur pour les abbés de monastère ; ils ont leur conseil et leur admoniteur, désignés par le provincial.

Ainsi, du haut en bas de l'échelle, autorité une et forte, délimitée par les règles, et multiplicité d'avis consultatifs. Supposez en charge un homme de bon sens, de science et de vertu ; il a près de lui ses consulteurs chargés par office de l'éclairer, son admoniteur chargé de l'avertir si les religieux graves jugent qu'il fait fausse route. Au-dessous, il a ses inférieurs qui, de par la règle et de par la confiance filiale qu'ils ont en un père aimé, s'ouvrent à lui des besoins de leur âme, de sorte que, bien connus, on ne leur imposera pas de fardeau qui dépasse leurs forces. Au-dessus, toujours, une autorité supérieure à laquelle on en peut appeler : le provincial au-dessus du recteur, le général au-dessus du provincial, et, tout en haut, dépendant elle-même du Pape la Congrégation générale.

« Cette simple organisation, dit le Père de Ravignan, porte avec elle beaucoup de force et de douceur, beaucoup d'éléments d'ordre et de paix, beaucoup de garanties et d'appuis conservateurs. C'est un rouage facile et régulier qui développe tranquillement son action. Toujours plusieurs consciences veillent par devoir auprès de l'autorité, l'éclairent, l'avertissent avec respect, et rendent compte à l'autorité supérieure.

« Les règles, les conseils, les libres communications, les recours toujours ouverts, et le principe intérieur de charité qui est l'âme de tout, se réunissent pour produire un état de choses où nulle autorité n'est indépendante ni absolue. Les lois seules ont un souverain empire.

« Ainsi tous contribuent en quelque sorte à l'exercice de l'autorité et tous obéissent.

« Voilà pourtant ce qu'on a osé nommer despotisme, délation, servitude ; quand il n'y a en réalité, qu'ordre, respect légitime, surveillance et vraie liberté. »

CHAPITRE VIII

LES MINISTÈRES

I

Tout ce qui précède n'a qu'un but, l'apostolat. En matière de gouvernement et d'organisation, Ignace n'a pas fait de l'art pour l'art. Sa « machine » si bien montée a pour fin de faciliter le travail de chacun en vue de la gloire de Dieu.

Quelles seront donc les œuvres propres à la Compagnie ?

Et tout d'abord, il en est que saint Ignace a jugé bon d'interdire à ses enfants. Les fonctions curiales, par exemple, sauf de rares exceptions. On peut voir encore, dans sa vie, comment, ayant perdu beaucoup de temps à diriger deux ou trois dames espagnoles (1), et jugeant qu'il y avait disproportion entre le bien que pouvait faire ce ministère restreint, et les tracas dont il était l'occasion, il obtint du Pape, que les pères de la Compagnie fussent à jamais exempts de la charge de confesseurs ordinaires dans les communautés de femmes.

En dépit de l'accusation contraire, sans cesse renouvelée, ajoutons les affaires séculières, et, plus spécialement la politique. Des peines graves sont portées contre ceux qui, sur ce point, manqueraient à la règle Je sais qu'à l'encontre de cette législation on allègue des faits. Mais le plus souvent un examen attentif des circonstances prouverait que la règle était toujours là, et que jamais les supérieurs majeurs n'ont laissé la prescription prévaloir. A y regarder sans parti pris, on trouverait, ou bien l'autorité du Saint-Siège intervenant, sous la pression de quelque prince, pour faire accepter à un Jésuite une charge qu'il fuyait, ou bien les protestations des supérieurs si le religieux se montrait enclin à les accepter.

(1) H. JOLY, *Saint Ignace.* p. 163, 164.

Ou bien, et le plus souvent, cette charge était celle de confesseur de roi.

Nous touchons ici à l'un des points les plus délicats de l'histoire des Jésuites. Ce fut, pendant un siècle et demi, une sorte de tradition dans les Cours catholiques d'Europe, de donner aux rois un Jésuite pour confesseur. En Portugal, en Espagne, en France, en Allemagne, en Angleterre, même sous Jacques II, les pères de la Compagnie furent chargés du soin des consciences royales. Les noms des pères Edmond Auger, Coton, La Chaise, Le Tellier, Petre, Becanus, Lamormaini, appartiennent à l'histoire. Les bornes de ce travail ne nous permettent pas d'examiner comment ils se sont acquités de leur charge, et si l'on n'a pas de reproches sérieux à faire à quelqu'un d'entre eux. Certes l'emploi était des plus délicats. Comment s'occuper de la conscience d'un Empereur d'Allemagne ou d'un roi de France sans jamais toucher aux questions politiques ? Richelieu, que cette ingérence gênait, essayait bien d'obtenir du confesseur que « s'il trouvait quelque chose à redire à la conduite qui s'observait en l'État, il en demandât l'éclaircissement au conseil », et ne parlât pas politique au souverain. Le ministre ici faisait tort au théologien. C'était au confessionnal, et pas ailleurs, que le Père pouvait et devait traiter ces sortes de questions. On sait ce qui en arriva : le P. Caussin, pour avoir voulu être confesseur, et rien que cela, mais aussi pour avoir blâmé librement les mésintelligences qui divisaient la famille royale, les impôts croissants qui écrasaient le peuple, les alliances avec les Protestants d'Allemagne, si dangereuses pour les intérêts généraux du catholicisme, et tout cela au nom de la morale chrétienne la plus élémentaire, fut disgracié et exilé par le ministre. Et il écrivait à son Général : « Pour les courtisans, le silence est souvent un devoir ; pour le confesseur, il serait un sacrilège ».

Ceux-là seuls condamneront *a priori* les Jésuites, qui mettent la politique et les affaires en dehors et au-dessus de la morale commune, qui distinguent dans l'homme public, la conscience privée, et la conscience officielle. Ceux qui admettent qu'au tribunal de Dieu, un prince, ou un ministre, auront à rendre un compte rigoureux de leur politique, pourront plaindre les Pères d'être entrés dans ce guêpier, et de n'avoir pas su abandonner à d'autres la responsabilité de ces lourdes consciences ; du moins devront-ils reconnaître qu'avant tout, et par essence, c'était là un ministère d'ordre spirituel.

II

Ces exceptions mises à part, quelles sont les œuvres préférées par la Compagnie ?

C'est d'abord la prédication sous toutes ses formes, prédication de campagne, et prédication de grande ville, enseignement du catéchisme aux enfants et aux ignorants (1), retraites données au peuple ou aux communautés religieuses. Les plus populaires parmi les Jésuites sont des prédicateurs, Bourdaloue, Ravignan, les deux Segneri, Vieyra, etc.

C'est ensuite la confession ; et l'on sait quelle place les moralistes de la Compagnie tiennent dans la littérature théologique des derniers siècles. C'est l'érudition sacrée et profane, l'enseignement secondaire et supérieur. Ce sont les missions étrangères, et les œuvres de miséricorde surtout spirituelle.

Tel est le champ que saint Ignace ouvrait au zèle de ses disciples. A vrai dire, — l'enseignement des collèges excepté, — il n'était pas différent de celui que saint Dominique et saint François avaient assigné à leurs enfants. C'était à peu près, tout ce qui, dans l'Eglise de Dieu, ne rentrait pas dans le ministère paroissial ou la vie proprement monastique. C'était l'apostolat direct, dégagé de toutes les entraves, quelque saintes qu'elles fussent, qui eussent pu l'arrêter dans sa marche ; et l'ordre nouveau était véritablement un « régiment », une Compagnie, toujours prêt à marcher au premier signal.

(1) Notons que, sur ce point, la Compagnie, en France du moins n'a pas pu faire tout ce qu'elle eût désiré. La cause en est que, grâce à Dieu, l'organisation du catéchisme dans les paroisses est universelle. Il n'en était pas de même au xvie siècle. On a essayé du moins de maintenir le principe, en enseignant la doctrine chrétienne dans certaines communautés, comme chez les Petites Sœurs des pauvres, ou en se chargeant de certaines catégories d'ignorants très spéciales, comme les saltimbanques, etc. Voir l'opuscule de A. Belanger : *Les Jésuites et les humbles.*

CHAPITRE IX

LES HOMMES

I

Tout cela, c'est l'idéal. Que fut la réalité ?

Les ennemis de la Compagnie nous ont donné la caricature ; le fondateur a fourni le modèle. Que sera le portrait ? C'est l'histoire qui nous le fournirait. Mais comment faire ?

Pas une page de cette histoire qui ne soulève un flot d'objections, de calomnies, de préjugés. La simple énumération de ce qui a été dit contre la Compagnie de Jésus, la table des matières d'une *Summa contra Jésuitas*, remplirait un volume.

Il est une distinction pourtant que font les moins outrés parmi leurs adversaires. Les individus sont bons, dit-on ; il y a parmi eux les hommes de haute vertu, de savoir et de mérite. Ce qui ne vaut rien, c'est l'ensemble. Et l'on connaît la célèbre exclamation : « Que m'importent vos vertus si vous m'apportez la peste ? »

Comment un corps religieux composé de membres bons, peut-il être mauvais, je ne cherche pas à résoudre l'antinomie. Mais, puisqu'on nous concède qu'il y a des individualités respectables, commençons par les mettre hors de cause. Ceux qui ne sont pas « anti-jésuites » avant tout examen, se demanderont s'il n'y a pas lieu de conclure des individus à l'ensemble. Quant aux autres rien n'y fera, leur siège est fait.

Une chose est certaine d'abord, c'est que l'idéal posé par saint Ignace a été héroïquement réalisé en quelques-uns de ses enfants. La Compagnie de Jésus ne peut pas produire comme les grands ordres religieux du Moyen Age, une interminable liste de saints et de saintes, occupant presque tous les jours du calendrier. Cependant elle a le droit d'être fière de ses treize saints canonisés, et de ses quatre-vingt-neuf bienheureux. C'est là son lot pour trois cents ans d'existence.

Ses vrais fils, le plus pur de sa race, ceux qui ont le mieux réalisé l'idéal, les voilà. Et quand je parcours cette liste, je trouve que les martyrs prédominent. Quatorze confesseurs ; tous les autres ont versé leur sang, trente-six au Japon ; quarante sur les eaux de l'Atlantique, en route pour le Brésil, massacrés par les Calvinistes ; un en Pologne, victime du schisme russe ; six dans les Indes ; cinq en Angleterre, victimes de la reine Elisabeth.

Les autres, saints, bienheureux et vénérables, sont des missionnaires : Xavier aux Indes, Régis dans les Cévennes, Hieronymo chez les Lazzaroni de Naples, Claver chez les nègres esclaves d'Amérique, Lefèvre chez les protestants des bords du Rhin, Baldinucci dans les campagnes d'Italie.

Ignace, François de Borgia, Pierre Canisius, sont des supérieurs. ils personnifient cette politique de la Compagnie dont on parle tant. Un jour peut-être, Lessius et Bellarmin seront sur les autels ; leur procès de béatification est commencé ; ils représenteront, avec Canisius, la science dans la Compagnie, mais une science militante. Alphonse Rodriguez, c'est la vie contemplative dans un ordre actif. Stanilas. Louis de Gonzague et Berchmans, c'est l'éducation de la Compagnie dans ce qu'elle a produit de plus pur et de plus élevé. Berchmans, c'est quelque chose de plus spécial encore : l'Institut même d'Ignace. sans rien d'extraordinaire au dehors, sans miracles, sans extases, avec des épreuves communes. C'est cette règle, qu'on aime à représenter comme un peu bourgeoise et terre à terre, faisant du bon Jésuite un simple clerc bien régulier, mais pratiquée avec une fidélité que l'Eglise a jugée héroïque. A y regarder de près, rien n'est plus glorieux pour l'Institut de saint Ignace, que d'avoir été canonisé en la personne de saint Jean Berchmans, un petit étudiant qui n'a rien fait qu'observer sa règle (1).

Il en est d'autres qui n'attendent plus qu'un dernier décret pontifical pour prendre place entre les Bienheureux: Anchieta, ce sera le thaumaturge légendaire du Brésil; Pignatelli rappellera les heures douloureuses, — comme

____

(1) Monsabré, *Panégyrique du B* Jean Berchmans*, 28 juin 1866.

aucun ordre religieux n'en a connu, — des dispersions vio-
lentes, et de la suppression ; et enfin Claude de la Colom-
bière, n'est-ce pas l'école ascétique de la Compagnie avec le
rôle spécial donné par Dieu aux Jésuites dans la propaga-
tion du culte du Sacré-Cœur ?

II

A côté et au-dessus des « saints », les « saintes gens. »
Ceux-là n'ont pas été authentiqués : l'Eglise ne les a pas
pris, et sans doute ne songera jamais à les prendre pour en
faire les modèles officiels de la sainteté « jésuitique ».
Mais enfin c'est bien un Jésuite, ce Bourdaloue dont un
critique a dit finement : « La meilleure réponse que la
Compagnie ait jamais faite aux Provinciales, ç'a été de
faire prêcher Bourdaloue. » Tout Jésuite voudrait mériter (1)
cet éloge qu'on a fait de son grand confrère : « Bourdaloue
n'a point de biographie : c'est une âme pure, modeste. sou-
mise, qui se donna toute à son devoir. Il prêcha pendant
quarante-deux ans : huit jours avant sa mort, il prêchait
encore... Cependant la prédication ne l'occupa point seule :
il confessa, il dirigea ; et c'est là qu'il acquit et nourrit cette
science du cœur si merveilleuse chez un homme dont nulle
passion n'a troublé la vie. »
Un Jésuite encore, le P. de Ravignan, dont le duc Albert
de Broglie disait dans les *Débats* un mois après sa mort :
« D'une vie passée à heurter les sentiments les plus ré-
pandus ont résulté une popularité véritable, plus de
larmes, plus de regrets sincères autour de sa tombe qu'il
ne sera peut-être donné d'en recueillir à aucun de ses con-
temporains ; un concert d'éloges auquel aucune voix ne
peut manquer... Le P. de Ravignan était réservé à démon-
trer que, seule peut-être de toutes les grandeurs morales,
la sainteté chrétienne n'a rien perdu de son efficacité dans
notre âge, et n'a pas besoin pour agir sur les âmes d'appa-
raître enveloppée dans les brouillards d'un âge lointain...
La cellule du P. de Ravignan au XIXe siècle, dans la rue
de Sèvres, a vu reparaître toutes les scènes de celles de la
Thébaïde. C'est là qu'on a vu pendant de longues journées
d'agonie, la souffrance savourée comme l'épreuve qui pré-

(1) Lanson, *H. de la Litt. fr.*, p. 578.

pare la délivrance, l'aiguillon de la mort brisé, les lueurs anticipées de la béatitude. Ceux qui pénétraient dans cet asile, en sortaient pleins d'une admiration qu'ils ne pouvaient contenir et leurs exclamations rappelaient le cri qui ébranla autrefois les bords du Nil : J'ai vu Élie, j'ai vu Jean dans le désert, j'ai vu Paul dans le paradis. »

Bien différent, mais un Jésuite aussi, l'original, le légendaire Père Milleriot, l'apôtre des humbles, le « pêcheur des gros poissons » qu'on n'a pas encore oublié dans les milieux populaires de Paris.

Mais à quoi bon poursuivre ? On a écrit la vie de quelques-uns d'entre eux ; du Père Chaignon, l'apôtre des prêtres ; du P. Labonde, l'apôtre de Nantes ; du P. Ginhac, le saint qu'on s'arrêtait à regarder dans la rue quand il passait ; du P. Jeantier, l'apôtre des petits enfants ; du P. Liebert, l'apôtre des étudiants belges ; du P. Lievens, le missionnaire du Bengale qui, en moins de dix années, convertit près de 40 000 pauvres Indiens ; du P. de Smet qui fonda la mission des Montagnes Rocheuses, et qui, aujourd'hui, a sa statue au capitole de Washington ; du P. Olivaint le martyr... De ceux là, la Compagnie de Jésus est responsable, et ce sont précisément ceux dont on affecte de ne pas tenir compte.

Responsable aussi du confesseur ignoré, qui, à toutes les heures du jour, se tient à la disposition des pénitents. Un coup de cloche l'appelle. Il descend à l'église, confesse, remonte chez lui, reprend son travail interrompu, redescend et remonte encore. Responsable du missionnaire de campagne, qui, de temps en temps, revient à la résidence pour faire raccommoder sa soutane ou laver son linge, et qui repart, ajoutant missions sur missions, retraites sur retraites. Responsable du surveillant, dans un collège, attaché à sa besogne, sans une minute à lui, dînant au galop, dormant dans le dortoir, jouant en cour, partant pour la promenade, et, dans ses loisirs, quand il en a, préparant ses classes d'histoire ou de mathématiques. Responsable du missionnaire qui vit dans la vermine chez les Coptes du Nil, ou dans une nuée de moustiques chez les Esquimaux de l'Alaska, qui s'en va mourir de la dysenterie en Chine, ou de la fièvre au Zambèze.

Mais ce sont eux justement, dont, le plus sérieusement du monde, on va répétant l'ineffable mot de Royer-Collard : « Pauvres gens ! qui ont la naïveté de se croire Jésuites ! »

CHAPITRE X

LES PERSÉCUTIONS

On accorde encore facilement aux Jésuites pris isolément le bénéfice du savoir, de la vertu, des services rendus. Quand, par hasard, on en rencontre quelqu'un, on le quitte en lui disant : « Ah ! si tous vous ressembliez ! » Mais s'agit-il de la Compagnie entière, le point de vue change.

On ne lui passe rien. Ce qui serait loué chez d'autres est blamé chez elle. Ce qui est peccadille chez ses rivaux, ou menu ridicule, est un crime de sa part. Et pas de circonstances atténuantes ; pas de discussion, pas de réfutation. A l'avance elle est condamnée, et son œuvre est nécessairement, en bloc, avant tout examen, déclarée funeste.

J'ose le dire, c'est là le trait caractéristique de son histoire. Elle n'a eu, grâce à Dieu, le monopole ni du dévouement au siège de Pierre, ni des missions lointaines, ni de l'enseignement, ni de la science, ni du martyre ; mais nous ne froisserons aucune susceptibilité en disant qu'en fait de calomnies et de persécutions, le monde lui a ménagé double part.

Parcourons ses annales. Toutes les étapes de ses quatre cents ans d'histoire sont marquées par des luttes, des expulsions, des exils, des emprisonnements, des massacres. Cela commence dès le premier jour par le procès d'Ignace à Salamanque et à Alcala... En 1538, tempête à Rome qui faillit engloutir l'œuvre à peine naissante. Sous le généralat de saint Ignace, tempêtes théologiques en Espagne, — rappelons le nom de Melchior Cano, — interdit jeté sur les Pères de Saragosse en 1555 ; — tempêtes à Paris où s'inaugure entre l'Université et le Parlement d'une part, et de l'autre la Compagnie, une lutte de procès qui durera cinquante ans. Puis, ce sont, en Allemagne, une pluie de pamphlets protestants, et l'on voit se former la légende du Jésuite sorcier, assassin, voleur, intrigant. Rien n'y échappe, ni la chasteté des Pères ni leur foi ; et Canisius est accusé d'avoir passé au protestantisme.

En 1580 commence pour eux la persécution en Angleterre, elle durera cent ans ; Elisabeth. Jacques Ier, Cromwell, Charles II, traiteront les Jésuites en criminels de lèse-majesté, et ce sera la potence, le cœur arraché vivant, et les membres mis en lambeaux.

En 1584, les paysans ameutés de Bohême, d'Illyrie, d'Alsace, les poursuivent comme des chiens enragés. Cette même année la population d'Augsbourg se soulève contre eux. Un peu plus ils étaient massacrés. Et la cause ? La réforme du calendrier, avec le carême qui, cette année-là arrive plus tôt que les bouchers de la ville ne l'attendaient.

En 1588, expulsion de Transylvanie.

En 1595, à la suite de l'attentat de Chatel sur la personne d'Henri IV, supplice du Père Guignard, et expulsion des Jésuites de Paris.

En 1597, commencement des persécutions du Japon ; elles se prolongeront jusque vers 1650, et près de cents Jésuites y mourront martyrs.

En 1606, par les intrigues de l'apostat Sarpi, expulsion de Venise.

En 1610, après le régicide de Ravaillac, nouvelles menaces d'expulsion à Paris. En 1639, expulsion de Malte.

De tous les côtés, au xviie siècle, le sang des martyrs jésuites coule pour la foi, à Canton, à Ceylan, à la Salcette de Goa, au Maduré, au Mexique, en Californie, aux Philippines, sur l'Amazone.

En 1643, s'ouvre la série des martyrs du Canada.

Puis, ce sont de grandes luttes avec les protestants ; les collèges détruits, les églises pillées, les Pères massacrés à travers toute l'Allemagne tant que dura la guerre de Trente ans ; et. comme conséquences, jusque dans les missions, au Brésil, à Ceylan, aux Moluques, au Japon leurs œuvres ruinées et leur sang versé par les flibustiers Anglais et Hollandais

Vers 1640, lutte avec les marchands Espagnols de l'Amérique du Sud, pour la liberté et la foi des indigènes du Paraguay. En même temps s'ouvre la longue guerre janséniste.

Vers 1650, ce sont les persécutions du schisme moscovite qui donnera à la Compagnie le Bienheureux André Bobola (1657).

Puis, expulsions diverses, de Hollande en 1708, de Sicile en 1713, de Russie en 1719.

Abrégeons. Enfin en 1754 commence la longue agonie de vingt ans qui, après les expulsions du Portugal (1759), de France (1764), d'Espagne et de Naples (1767), de Parme (1768), devait se terminer en 1773 par la suppression de l'Ordre.

II

La Compagnie est rétablie quarante ans après, 1814. Aussitôt les persécutions de reprendre. Indiquons les principales dates ; presque toutes coïncident avec un progrès de la révolution cosmopolite. 1815, à la suite de quelques conversions, un ukase d'Alexandre Ier expulse les Jésuites de Saint-Pétersbourg et de Moscou. 1818, expulsion des Pays-Bas. 1820, expulsion définitive de l'Empire russe.

Cette même année une insurrection militaire impose à Ferdinand VII d'Espagne le bannissement des Pères En 1828, les ordonnances de Charles X sacrifient les Jésuites au parti libéral et leur enlèvent la liberté d'enseignement. 1834, au fort de la guerre carliste, sur une accusation d'empoisonnement des fontaines, les maisons de Madrid sont pillées, et 15 Pères massacrés ; l'année suivante, un acte législatif supprime la Compagnie en Espagne. En 1834 encore, la révolution du Portugal les chasse de Lisbonne. La campagne de presse reprise en France en 1843 n'aboutit qu'à la mission Rossi ; mais en 1847 à la ruine du Sunderbund, les Jésuites sont chassés de Suisse.

L'année suivante, dans les Etats Sardes, un décret supprime la Compagnie et confisque les biens : — porté contre les intentions du roi, il ne fut pas exécuté. Mais en 1860, — l'année de Castelfidardo, — trois maisons sont confisquées en Lombardie ; 6, dans le duché de Modene ; 11, dans les provinces enlevées au pape ; 15, en Sicile. En 1866, expulsion de Venise. En 1868, expulsion d'Espagne.

En 1871, massacre de cinq Jésuites, otages de la Commune.

En 1872, par le décret du 4 juillet, expulsion d'Allemagne.

En 1873, confiscation du Gesu et du collège Romain.

En 1880, décrets du 29 mars, et dispersion des Jésuites

en France. Enfin, en 1901, la loi des Associations qui les met pratiquement hors du droit commun, en même temps qu'ils sont menacés ou frappés en Portugal et en Espagne.

Et nous n'avons rien dit de l'Amérique du Sud. Là, l'esprit se perd dans le dédale des révolutions presque toujours accompagnées d'un décret de bannissement contre les Jésuites. Signalons des pillages de biens à l'Equateur vers 1830, l'expulsion du Brésil en 1833-34, une autre en 1847 dans la Nouvelle Grenade, etc.

III

Voilà tout un côté de l'histoire des Jésuites. Que si l'on cherche les raisons de cette haine sans relâche, on en pourra signaler de biens des sortes.

Il y a la raison suprême, — mais qui ne leur est pas spéciale : « *Qui pie volent vivere in Christo Jesu, persecutionem patientur.* On ne peut pas vivre pieusement dans le Christ Jésus sans être persécuté. »

Il y a des raisons historiques qu'il serait trop long de démêler ici. Partout où la Compagnie s'est présentée, aux premiers jours de son histoire, elle a rencontré des obstacles, qui variaient d'après les lieux. Ici, on ne lui pardonnait pas l'aspect absolument nouveau de son organisation. Là, comme à Paris, c'était rivalité professionnelle L'Université dégénérée ne pardonnait pas aux nouveau-venus de faire autrement et mieux qu'elle. Ailleurs rivalités de juridiction, que sais-je encore ?

Mais il y avait d'autres raisons, plus générales, et que l'on ne s'avouait pas toujours.

En voici une qui vaut surtout pour la France, son Parlement et son Université.

La tendance séparatiste des Eglises nationales qui s'appelait chez nous gallicanisme, qui sera le joséphisme d'Allemagne, et qui, poussée aux dernières conséquences forma l'Eglise anglicane, battait alors son plein. Les idées néfastes des conciles du xv° siècle, étaient encore monnaie courante dans le monde diplomatique, universitaire, parlementaire. On n'en tirait pas toujours les dernières conséquences.

Mais c'était, à l'état latent, la défiance à l'égard de Rome, une vigilance soupçonneuse sur de soi-disant droits nationaux, la crainte toujours en éveil, de ce qu'on appelait empiètements pontificaux.

Qu'on voie par exemple où en étaient les esprits en pleine Ligue, au moment où la ferveur catholique était le plus ardente ; et cela, non pas dans le monde politique mais dans le clergé. A l'assemblée de 1586, on osa parler de supprimer une bulle du pape parce que l'intervention du nonce allait contre les privilèges de l'Eglise gallicane ; aux fameux états de 1588, le clergé reprochera au Tiers Etat d'accepter sans condition la publication du concile de Trente, et le légat Morosini aura l'amer déplaisir d'entendre ces paroles où percent contre celui qui l'a envoyé, et contre lui-même, de si fâcheuses préventions : « Après l'hérésie, le plus grand fléau de ce royaume a été l'étranger italien : il a butiné et butine cruellement toute la France. Il se rit de notre ruine et l'agrandit : il a déjà fait dépiter une partie du peuple et fera révolter le reste si on ne le chasse bientôt, il sera chassé par fureur et sédition populaire (1) ».

Si le clergé en était là au lendemain du concile de Trente, que dire du monde politique ? La vieille idée de chrétienté était bien morte, et depuis longtemps, avec sa conception quasi familiale des rois groupés autour de l'Eglise romaine, leur mère. Le système nécessaire, mais en somme regrettable, des concordats, qui mettait le souverain temporel sur un pied de quasi égalité avec le souverain spirituel, et qui amenait à traiter des intérêts ecclésiastiques, sur des bases purement humaines, montrait bien où en étaient les choses, et l'impossibilité qu'il y avait de revenir en arrière.

Du moins fallait-il sauvegarder les droits essentiels du Saint-Siège en matière de doctrine et de juridiction.

Or, de tous temps, les grands ordres religieux, par le seul fait de ce qu'on appelle exemption, avaient représenté, en face de l'episcopat, les droits universels du Saint-Siège.

Approuvés par Rome, ayant ordinairement leur centre à Rome, munis de privilèges qu'ils tenaient de Rome, — très soumis par ailleurs et sur une foule de points aux évêques, — leur seule présence rappelait qu'au-dessus des autorités religieuses locales, il y en avait une de qui toutes les autres émanaient.

1) P. Baudrillart, *La France chrétienne dans l'histoire*, p. 351.

Mais ce lien même des religieux avec le pape tendait à se relâcher : conséquence inévitable des troubles de toutes sortes par où l'Eglise avait passé depuis cent cinquante ans, et tout particulièrement du grand schisme.

C'est alors que parut la Compagnie de Jésus. Avec son vœu spécial d'obéissance au Souverain Pontife ; avec son organisation toute nouvelle, pleine d'exceptions, qui n'avait pas pour elle la tradition de plusieurs siècles, et une lente évolution des habitudes monastiques mais tout simplement la conception d'un saint, consacrée par l'approbation solennelle des papes, la Compagnie de Jésus apparaissait aux universités, aux Parlements, aux Eglises particulières, — toujours catholiques, mais fort peu ultramontaines, — comme une tentative de la papauté pour reconquérir le terrain perdu dans la théologie, dans les mœurs.

Les Jésuites ne furent certes pas les seuls : évêques, docteurs, ordres religieux de toute robe et de toute origine, un peu plus tôt, ou un peu plus tard, entrèrent dans le mouvement pour le suivre ou pour le diriger. Mais les Jésuites portèrent tout le poids des inimitiés parlementaires ou universitaires qui en furent la conséquence.

En somme, ils jouaient au xvi° siècle le rôle que, sous saint Grégoire VII, avaient joué les moines de Cluny, ils étaient les instruments souples et dévoués de la papauté.

Le gallicanisme ne le leur pardonna jamais... ni, à plus forte raison, le protestantisme.

Etre Romains, tel fut leur premier crime.

CHAPITRE XI

COLLÈGES ET MISSIONS

Il y en a d'autres. Ils ont eu le tort de réussir.

Jetons un coup d'œil sur les deux grandes œuvres de la Compagnie, celles qui ont absorbé le plus de ses forces et de ses hommes, l'éducation et les missions.

I

Le premier collège de la Compagnie fut fondé à Coïmbre
en 1542. A la mort de saint Ignace, 1556, il y en avait déjà
cent, répartis dans presque toutes les parties de l'Europe, et
jusqu'aux Indes.

Lui-même, outre le Collège Romain, avait fondé le fameux
Collège Germanique dont le but était de fournir l'Allemagne
de bons prêtres. Il avait compris que, pour contenir le flot
du protestantisme, pour regagner le terrain perdu, c'était
bien peu de chose que ces colloques sans fin, entre théologiens, bien peu de chose encore, que les conversions indivi-
duelles, si nombreuses qu'on les supposât. Le mal était
profond. En trente ans de soi-disant réforme, l'esprit catholique, même en des pays restés fidèles, avait baissé :
ailleurs, il avait complètement disparu.

Jadis, pour convertir les envahisseurs barbares, les
moines bénédictins fondaient des abbayes. Ils s'installaient
au milieu de ces populations païennes, travaillaient avec
elles, et, peu à peu, par une lente assimilation, les amenaient
au christianisme. Chaque monastère était un centre d'apostolat d'où la foi rayonnait plus ou moins loin. Et l'œuvre
ainsi accomplie, lentement, mais avec méthode, se trouva
être durable, solide comme les vieilles abbayes elles-mêmes
d'où elle était partie.

Quelque chose de semblable s'opéra au xvi⁰ et au
xvii⁰ siècle. Un collège de Jésuites n'était pas un internat
fermé, où, sous la surveillance d'une quarantaine de religieux, travaillaient trois ou quatre cents élèves. C'est par
mille ou deux mille qu'ils se comptaient, presque tous externes.

Rien ne ressemblait moins aux lycées-casernes d'aujour-
d'hui ; et, décidément, il faut renoncer à la légende de l'internat immoral emprunté par Napoléon à l'ancienne université, laquelle la tiendrait des Jésuites.

Un collège de Jésuites, dans l'ancienne Compagnie, c'était
quelque chose comme les grands établissements anglais
d'Eton ou de Harrow. Au centre, le collège proprement dit,
églises, classes, salles publiques, logement des maîtres. En
ville, les externes ; beaucoup habitent chez leurs parents,
d'autres dans des pensions, ou pédagogies, tenues par des

prêtres ou des laïques sûrs. Parfois, — assez souvent vers
la fin, — les Pères se chargeaient de la surveillance d'une
de ces maisons, séminaire s'il s'agissait de boursiers
pauvres destinés au sacerdoce, pensionnat dans le cas d'internes riches payant leur entretien.

Quant à l'enseignement lui-même, il était absolument
gratuit ; venait aux classes qui voulait, à la condition de ne
pas troubler l'ordre (1).

Lorsqu'en 1815. la Compagnie put rouvrir des collèges, les
circonstances et les mœurs avaient changé, elle trouvait
établi le régime des internats, elle le subit comme tout le
monde et chercha simplement à en tirer le meilleur parti
possible.

Entre ses mains. l'enseignement était, et il sera toujours
un instrument d'apostolat. On le lui a souvent reproché
dans le camp libre-penseur : elle accepte le reproche et s'en
fait gloire En face du protestantisme qui se servait des
lettres humaines contre la foi catholique, elle est venue
avec ses professeurs humanistes ; elle a tâché de faire
mieux que ses adversaires, d'avoir des collèges disciplinés,
des classes bien tenues, un enseignement sage et très suffisamment progressiste. Les Jésuites sentaient que là ils
travaillaient pour l'avenir. Des catholiques ont pu critiquer
certaines méthodes et chicaner sur les résultats obtenus.
Protestants et Franc-maçons se sont chargés de répondre.
Pourquoi tant de haines, tant de calomnies, tant d'efforts
pour détruire cet enseignement et le rendre impossible s'il
n'avait pas été fécond ?

Ordinairement, sur l'œuvre pédagogique s'en greffaient
bien d'autres, missions, congrégations, confréries, catéchismes. Aux époques de grande prospérité, l'église des
Jésuites était le rendez-vous d'une foule de fidèles ; congrégation des prêtres, congrégation des « messieurs », congrégation des écoliers, congrégation des ouvriers. En même
temps, des missionnaires travaillaient dans les campagnes
et les villes environnantes, soutenaient des disputes
publiques avec les protestants, publiaient des opuscules de
piété ou de controverse. Ainsi fut reconquise sur l'hérésie

____

(1) Voir C. DE ROCHEMONTEIX, *Le collège Henri IV de La Flèche*,
Le Mans, 1889. CHOSSAT, *Les Jésuites à Avignon*, Avignon,
1896.

une partie notable de l'Allemagne : ainsi furent préservés bien des cantons de Pologne et de Bavière, de France même ou de Suisse (1).

En 1749, deux cents ans après la fondation, la Compagnie comptait dans le monde entier 669 collèges répartis dans 39 provinces (1).

II

Avec l'enseignement, les missions.

Là surtout la Compagnie était sur son terrain, car il s'agissait de conquêtes à faire.

Notons d'abord que, sous la plume de saint Ignace, ce mot a un sens très général. Lorsque les premiers pères se mettaient entre les mains du Souverain Pontife, c'était pour être envoyés où il le jugerait à propos. Et l'on voit, dans les premières années de l'Ordre, beaucoup de ces « missions » directement confiées par le pape. Il envoie Xavier dans les Indes, Salmeron et Broët en Irlande pour soutenir les catholiques persécutés, Salmeron encore et Lainez au concile de Trente. D'autres vont combattre l'hérésie naissante à Ferrare, réformer des couvents à Sienne, apaiser des discordes et réconcilier, dans certaines villes, les partis prêts à en venir aux mains.

Peu à peu, ces missions extraordinaires se font plus rares. C'est que la Compagnie s'organise, et ses maisons se multiplient à travers l'Europe : il n'est plus tant besoin d'envoyer les pères au loin, ils n'ont qu'à agir sur place. Mais restent toujours les pays hérétiques où sévit la persécution et les pays infidèles. L'Angleterre et la Moscovie, les Indes et l'Amérique sont et demeurent pays de mission et souvent pays de martyrs.

C'est en 1542 que Xavier inaugura l'apostolat de la Compagnie chez les infidèles. Son rôle à lui fut d'ouvrir toutes larges les portes de l'Asie aux nouveaux ouvriers. L'Inde, les Moluques et le Japon, quand il mourut, avaient déjà leurs missionnaires, et il expirait en montrant le chemin de la Chine.

(1) Janssen, *L'Allemagne et la réforme*, t. V, p. 208, et suiv.
(2) 176 seulement avaient comme annexe un séminaire ou un pensionnat. Hamy, *Domiciles de la Compagnie*, p. 96.

Quand saint Ignace disparut à son tour, il laissait encore de ses fils au Maroc, au Brésil, au Congo ; il leur avait préparé l'entrée de l'Ethiopie. Ils allaient pénétrer dans l'Angola et le Monomotapa.

Avant la fin du siècle, on les trouve au Pérou et au Mexique, en Chine et à la cour du Grand Mogol, aux Philippines, à Constantinople, au Panama, au Paraguay, au Maduré, au Chili, dans l'Archipel et en Syrie.

En 1601, Henri IV les introduit en Perse. En 1604, ils sont en Guinée et en 1608 au Canada. — Puis, c'est le tour de la Cochinchine, du Cambodge, du Siam, du Tonkin et du Thibet, du Maragnon et du Benguela, tout cela, avant 1630. Les années suivantes, s'ouvrent pour eux le Maryland, les Amazones, la Martinique, la Guyane et le Laos.

A la fin du xvii⁰ siècle, nouvelles fondations en Californie et en Arménie. Dans les trente premières années du xviii⁰, ils pénètrent encore au Sennaar et dans le Caboul, en Crimée, dans le Kurdistan. Les Pères français fondent la mission du Karnatic. Enfin l'Orénoque, la Louisiane, le Darien ont aussi leurs missionnaires. On put voir, quarante ans plus tard, quelle large place la Compagnie tenait entre les ordres apostoliques, au vide immense que fit sa suppression.

Déjà, dans le cours du siècle précédent, certaines de ses plus vieilles fondations avaient disparu. La conquête hollandaise avait détruit la mission des Moluques. Celle du Japon avait sombré dans la persécution. De même celle d'Ethiopie.

Maintenant, du jour au lendemain 16.000 missionnaires étaient dispersés, déportés, emprisonnés ; et les œuvres les plus belles — comme les réductions du Paraguay, — détruites sans espoir de résurrection.

Et toutes ces missions, d'Europe ou d'ailleurs, les anciens Jésuites les avaient largement arrosées de leur sang. J'ai sous les yeux une liste, relativement complète, des martyrs de la Compagnie immolés de 1549 à 1800.

Voici ce que j'y relève : victimes de l'anglicanisme, une quarantaine ; victimes du protestantisme allemand, suédois, hongrois, hollandais, vingt-cinq ; du calvinisme français, cinq tués en France, et cinquante-deux tués en mer par des pirates ; du schisme russe, treize. Ajoutons, trente et un anciens Jésuites immolés par la grande révolution : tel est, à peu près, en négligeant certaines unités, le lot fourni par l'Europe. L'Ethiopie nous donne dix martyrs ; l'Indoustan, trente-trois ; la Malaisie, onze ; la Chine, sept ; l'Indo-Chine et le Siam, seize ; le Japon quatre-vingt-onze ; sans parler de quelques autres à Aden, en Perse, en Egypte, au Maroc, au Monomotapa. Quinze sont morts victimes des sauvages de Philippines, et treize de ceux des îles Mariannes. Passons en Amérique : en voici onze tués au Brésil, par les indigènes ou les hérétiques venus d'Europe. Seize victimes au Mexique ; dix-sept aux Antilles, en Louisiane, en Californie et en Floride ; treize au Canada ; seize au Pérou et au Chili ; trois en Patagonie et vingt-six au Paraguay (1).

Tel fut l'impôt du sang que Dieu demanda aux anciens Jésuites ; c'est la plus pure de leur gloire.

III

La nouvelle Compagnie s'est hâtée de reprendre les traditions anciennes. Aujourd'hui, les Jésuites italiens sont aux Montagnes Rocheuses, en Californie, au Nouveau Mexique, au Brésil, dans l'Alaska, et, dans l'Inde, au Mangalore. Les Allemands sont en Suède et au Danemark, à Bombay et au Brésil ; ceux d'Autriche et d'Irlande en Australie, ceux de Hollande desservent les missions des îles de la Sonde. Les pères belges sont au Bengale, au Congo, à Ceylan. Les Français sont encore à Ceylan, ils ont deux missions en Chine, une à Madagascar, une au Maduré. A eux encore la Syrie avec son université de Beyrouth et ses missions du Liban, la haute Egypte et l'Arménie. Aux Portugais, le Zambèze et Macao. A l'Espagne les Philippines, la Colombie, l'Equateur, le Pérou. A l'Angleterre, le Rhodesia, le Honduras et la Guyane anglaise ; aux Etats-Unis, la Jamaïque (2).

Or plusieurs de ces missions ont eu leurs martyrs. Plus d'un est mort au Zambèze empoisonné par les Cafres. En 1859, Mgr Planchet délégué apostolique en Mésopotamie était tué par les Kurdes ; en 1860, les Jésuites avaient leur part dans les odieux massacres de Damas ; deux Pères et trois Frères

(1) Ces chiffres sont nécessairement approximatifs, mais plutôt au-dessous de la réalité.

(2) Ces missions ne sont pas toutes desservies exclusivement par des Jésuites.

périssaient dans le Liban. Cette même année, en Chine, le Père Massa était mis à mort avec 27 enfants à Zi-ka-wei ; et en 1862, le P. Willaume, tombait, au Pon-tong, sous les coups des rebelles.

A Scutari, en 1887, c'était l'assassinat par des Musulmans, du frère Pastore ; en 1894, au Maduré, celui d'un Jésuite indien, le P. Ambroise Amirdanader, tué par des idolâtres ; à Madagascar, en 1896, celui du P. Berthieu, par les Fahavalo. Et enfin, ils sont d'hier ces affreux massacres de Chine, où tant de missionnaires ont péri pour la foi : parmi eux, la Compagnie de Jésus en a compté quatre en 1901, et un en 1902. Nous ne disons rien des martyrs faits par la révolution à Madrid et à Paris.

CONCLUSION

J'arrête ici l'exposé historique de ce qui a été et de ce qu'a voulu être la Compagnie de Jésus. Le tableau, je le sais, est assez différent de celui qui se colporte dans les journaux et les revues, les dictionnaires et les thèses de doctorat. Ce n'est ni le Jésuite des jansénistes, ni celui des protestants, ni celui de Pombal, ni celui de Waldeck Rousseau. — C'est celui qu'ont aimé et défendu les papes et les saints, que sainte Thérèse et la B. Marguerite Marie avaient pour directeur, saint Charles Borromée pour confesseur et pour aide dans ses œuvres de réforme, celui que saint François de Sales, saint Pierre Fourier, saint Léonard de Port-Maurice, saint Fidèle de Sigmaringen, saint Jean-Baptiste Rossi, Benoît XIV et Léon XIII ont eu pour maîtres, pour conseillers et pour amis.

D'aucuns trouveront qu'à ce portrait, les ombres manquent.

On eût été curieux de voir un peu mis en relief les défauts des « bons Pères ». Qu'on se rassure. Il y a tant de gens, qui, tous les jours, et de la meilleure foi du monde se chargent de combler cette lacune ! Il m'a paru inutile d'entrer sur leur terrain. Pour me justifier d'avoir vu les choses en beau, il me suffira peut-être de citer, et ce sera mon dernier mot, ces lignes du Père Monsabré dans son panégyrique de saint Jean Berchmans.« On a fait aux Jésuites, de cet amour de la Compagnie, un thème de récriminations amères, et l'on se croit justifié à leur égard de toutes ses haines, quand on leur a reproché leur esprit de corps.Chose étrange ! ceux qui insistent le plus sur ce reproche, ce sont les membres mêmes de ces corps honteux qui se cachent dans l'ombre et y travaillent à la destruction de l'ordre social.Attachés par des convoitises maudites à ces sociétés infernales qui leur promettent la curée du pouvoir et de la richesse publique,ils osent accuser le religieux d'aimer trop sa Compagnie. La Compagnie, mère féconde qui vous enfante à une nouvelle vie ; la Compagnie, mère dévouée qui nourrit et votre esprit, et votre cœur, et votre corps : la Compagnie, mère vaillante qui vous donne des armes contre les ennemis de Dieu ; la Compagnie, mère prévoyante qui vous sanctifie et vous promet une éternelle béatitude ; la Compagnie mère de tant de héros et de tant de saints ; la Compagnie couronnée de gloire et les mains pleines de bienfaits, comment ne l'aimeriez-vous pas, mes révérends Pères ? Ah ! vous seriez bien ingrats ! Continuez à prendre exemple sur vos saints, et entre tous sur le cher petit bienheureux que nous fêtons aujourd'hui. Dites avec lui : « Ma chère Compagnie, ma sainte Compagnie, Compagnie d'amour, œuvre divine, je veux t'aimer toujours. » Aimez-la dans ses joies et ses prospérités ; mais si on la soupçonne, aimez-la davantage ; si on la calomnie, davantage encore ; si on la maudit, davanrage encore ; si on la tue, davantage encore ; elle est, vous le savez bien, de ces morts qui ressuscitent ! »

BIBLIOGRAPHIE

Constitutions Edition critique de Madrid, 1892, f°.
Exercices. Traduction et commentaire du P. Roothaan.
Lettres de saint Ignace (*Cartas de San Ignacio*. Madrid, 1874-1890, 6 vol. in-8°.
Institutum Soc. Jesu. Prague 1757.
PATCHLER. — *Ratio studiorum et institutiones scholasticæ.* s. J. 4 in 8° Berlin, 1887-95.
SUAREZ. — *De religione societatis Jesu.*
Monumenta historica S. J., Madrid (en cours de publication).
ORLANDINI-SACCHINI-JOUVENCY-CORDARA. — *H*^{ta} *Soc. Jesu.*
CRETINEAU JOLY. — *Hist. de la C*^{ie} *de Jésus*
Vie de saint Ignace par POLANCO (dans les *Monumenta*); RIBADENEIRA. (Trad. Ch. Clair. Paris, Plon, 1890, gr. 8°). BARTOLI. (Trad. L. Michel, société de saint Augustin, 1893, 2 in 8°). H JOLY. (Paris, Lecoffre collection *les Saints*.)
SOMMERVOGEL. — *Bibliothèque de la C*^{ie} *de Jésus*, Bruxelles, 1890-1900, 7 in 4°.
CARAYON — *Bibliographie historique de la C*^{ie} *de Jésus*, Paris, 1854, in 4°.
RAVIGNAN. — *De l'existence et de l'Institut des Jésuites.*
A. BELANGER. — *Les Jésuites et les humbles.* Paris, Lecoffre 1901.
B. DUHR. — *Jésuiten Fabeln.* Fribourg en Brisgau, 1891-92.
MAYNARD. — *Les Provinciales et leur réfutation* 2 in 8°, Paris, Didot, 1851.

TABLE DES MATIÈRES

IMPRIMERIE BUSSIÈRE. — SAINT-AMAND (CHER)